Carolin Huder | Lucia Jay von Seldeneck

111 Orte in Berlin, die Geschichte erzählen

Mit Fotografien von Verena Eidel

111

emons:

Bibliografische Information der Deutschen Nationalbibliothek
Die Deutsche Nationalbibliothek verzeichnet diese Publikation in der Deutschen Nationalbibliografie; detaillierte bibliografische Daten sind im Internet über http://dnb.d-nb.de abrufbar.

MIX
Papier | Fördert gute Waldnutzung
FSC® C083411
FSC www.fsc.org

Redaktion: Carolin Huder
Texte: Lucia Jay von Seldeneck
Fotografien: Verena Eidel
Layout: Eva Kraskes, nach einem Konzept von Lübbeke | Naumann | Thoben
Kartografie: Regine Spohner
Druck und Bindung: CPI – Clausen & Bosse, Leck
Printed in Germany 2024
Erstausgabe 2012
ISBN 978-3-7408-2371-9
Aktualisierte Neuauflage August 2024

Vorwort

Hier muss es doch irgendwo gewesen sein! Oder war es vielleicht ganz in der Nähe? Vielleicht gibt es diesen Ort gar nicht mehr oder nicht mehr so, wie er gewesen sein muss. Die vielen Gedenktafeln von Berlin helfen schon ein Stück weiter – aber Jahreszahlen können nicht erzählen. Sie wissen nicht viel von den Geschichten, die an diesen Orten versteckt sind: Wer waren Lili und Marleen, und warum kamen sie zum Tor an der Kaserne? Stimmt es, dass der Maler Heinrich Zille selbst einmal Modell stand? Wo entstanden über Nacht so viele Kellerclubs, dass man sie der Einfachheit halber nach Wochentagen nannte: Montagsbar, Dienstagsbar, Mittwochsbar … Was trug Anita Berber unter ihrem Hermelinpelz? Und liefen die Uhren hier wirklich einmal monatelang nach Moskauer Zeit?

Die ehernen Jahreszahlen verblassen bei den Erzählungen, Episoden, Anekdoten und immer wieder neu erzählten Geschichten. Das hat uns angesteckt. Feuer! Im Punk heißt es: »Geschichte wird gemacht!« Das finden wir auch. Durchs Weitersagen halten wir sie lebendig. Und mit ihr die Orte, an denen wir den Geschichten begegnen.

Sie fliegen einem zu, wenn man nur genau hinhört. Und das ist erst der Anfang. Wir mussten nachfragen, nachforschen, nachkorrigieren – und manches Mal auch noch einmal ganz von vorn anfangen. Ganz woanders.

Aber es lässt einen nicht mehr los. Es gibt keine Regeln und Anleitungen, um Berlin kennenzulernen. Man muss einfach nur anfangen. Und dranbleiben. Am Ende zeigt sich dann: Genau hier ist es gewesen!

Verena Eidel (Fotos), *Carolin Huder* (Recherche) und *Lucia Jay von Seldeneck* (Texte)

111 Orte

1 Die Alte Mälzerei

Aktion Eichhörnchen

Es ist ein geheimes Unterfangen. So geheim, dass sich auch viele Jahre nach dem Mauerfall kaum Informationen finden lassen werden über diese 100-köpfige Dienststelle, die Westberlin Jahr für Jahr für den Krisenfall vorbereitet. Nach Blockade und Mauerbau steht fest: Westberlin muss sich wappnen für den Fall eines neuen Übergriffs durch die Sowjetunion. »Reserven« lautet das Schlagwort der Stunde – und diese werden ab jetzt über die ganze Stadt verteilt. Sie lagern in Bunkern, Speichern, hohlen Schächten und Lagerhöfen: meterweise, tonnenweise, palettenweise. Die Senatsreserve muss im Ernstfall die Bevölkerung von West-Berlin mindestens für ein halbes Jahr versorgen können. Nicht nur Grundversorgungsmittel wie Konserven, Kohle und Getreide, sondern auch Säuglingsausstattung, Kopfschmerztabletten und Zigarren lagern bald an den über 200 geheimen Orten. Alle Artikel sind durchnummeriert, katalogisiert und werden regelmäßig ausgetauscht.

Erst nach der Wende wird man auf die Lager stoßen: In der Alten Mälzerei findet man Getreide und Konserven, in der Schlesischen Straße Unmengen von Glas, und auf der Insel Eiswerder türmen sich Trockenzwiebeln zu hohen Bergen.

Es sind Zahlen, mit denen niemand umgehen kann: Über 70.000 Tonnen Roggen, 47.628 Kilogramm saure Gurken und 25.000 Tonnen Butter sind nur einige Beispiele. Auf 100 Millionen Mark im Jahr beläuft sich der Posten der Bevorratung des Berliner Haushaltes. Um die Kosten ein wenig zu senken, werden die Lagerbestände von Zeit zu Zeit in Sonderaktionen verkauft, sehr zum Ärger des Einzelhandels. Und wenn dann wieder einmal Hunderte von Mänteln in den Läden hängen, die schon längst aus der Mode sind, und Fleischkonserven kurz vor dem Verfallsdatum als Sonderangebot ausliegen, dann ist wieder einmal »Aktion Eichhörnchen«, wie die Berliner die doch nicht ganz so geheime Vorratswirtschaft ihrer Stadt nennen.

Bild Waschmittelreserven irgendwo in Westberlin | **Adresse** Steinstraße 41, 12307 Berlin-Tempelhof | **ÖPNV** S1, Haltestelle Lichtenrade; Bus M76, 172, 175, 275, Haltestelle S Lichtenrade | **Und heute** Das Industrie-Denkmal wurde saniert und es sind die Volkshochschule, eine Stadtteilbibliothek, eine Musikschule und ein Kindermuseum dort eingezogen.

2 Das Apollo-Theater

Ein Jahr lang Meinungsfreiheit

Die Gäste im Kinosaal wissen schon, bevor das Licht der gewaltigen Kronleuchter ausgeht, was sie erwartet. Denn es gibt wohl keine Zeitung in Berlin, die nicht über die gestrige Filmpremiere am 28. Mai 1919 berichtet hat – und die meisten Kritiker waren sich einig: Der Film »Anders als die Andern« von Richard Oswald wird einen Skandal auslösen.

Es ist gerade einmal ein halbes Jahr her, seit der Rat der Volksbeauftragten die allgemeine Theaterzensur zum ersten Mal aufgehoben hat. Einige Aufklärungsfilme waren die Folge. In dem Film, den Richard Oswald nun gemeinsam mit Sexualwissenschaftler Dr. Magnus Hirschfeld produziert hat, geht es um die Liebe zwischen zwei Männern. Laut Paragraph 175 ist Homosexualität aber kriminell. Schon die ersten Szenen spalten das Publikum. Neben Anhängern von Hirschfeld sitzen auch viele rechtskonservative Politiker im Saal. Der Film beginnt: Ein Starviolinist wird wegen seiner sexuellen Neigung erpresst. Als er sich weigert, das Geld zu bezahlen, kommt es zur Anklage. Im Gerichtssaal hält Dr. Magnus Hirschfeld, der sich selbst spielt, ein Plädoyer für mehr Toleranz gegenüber Homosexuellen. Da ruft plötzlich jemand in dem dunklen Kinosaal: »Wenn man diese Schweinerei sieht …« Die angespannte Stimmung droht jeden Augenblick in einen Tumult auszubrechen. Doch Regisseur Oswald stoppt die Vorführung und ruft: »Wenn einer diesen Film als Schweinerei bezeichnet, so ist er selbst ein Schwein, Herr Professor Brunner!« Und dann? Zehn Minuten Applaus für Oswald – und Professor Brunner, der für seine nationalsozialistische Haltung bekannt ist, verlässt vor Wut schäumend das Apollo.

Allerdings: Nur ein Jahr später wird die Zensur wieder eingeführt und der Film »Anders als die Andern« verboten. Nur eine einzige Filmkopie soll auf Umwegen in die Ukraine gelangen, dort mit Untertiteln versehen und erst 1970 in München wiederentdeckt werden.

Bild Szene aus dem Film »Anders als die Andern« | **Adresse** Friedrichstraße 218, 10969 Berlin-Kreuzberg | **ÖPNV** U6, Haltestelle Kochstraße; Bus M29, Haltestelle Kochstraße/Checkpoint Charlie | **Und heute** Das untere Ende der Friedrichstraße schlummert noch vor sich hin. Wer weiß, ob es bald erwacht?

3 Das Atelier Yva

Der Junge mit dem Fotoapparat

In der vierten Etage des Altbaus in der kleinen Ku'damm-Seitenstraße befindet sich, von außen kaum zu erahnen, ein zweistöckiger Saal. In den 1930er Jahren ist die geschwungene Treppe in dem Entree auf sämtlichen Berliner Modefotos zu sehen. Als Else Simon, die sich als Fotografin Yva nennt, mit ihrem Atelier in die 14-Zimmer-Wohnung einzieht, steht ihr Name bereits für die erfolgreichste Modefotografie der Stadt.

Und dann betritt 1936 ein Junge diese Halle und bittet um eine Lehranstellung. Er heißt Helmut Neustädter, ist 16 Jahre alt und gerade wegen zu schlechter Noten von der Schule geflogen. Oder, wie es Helmut Newton später selbst ausdrückt, er hat es arrangiert, dass er hinausgeworfen wurde.

Und jetzt steht er hier vor der bekannten Modefotografin und erklärt ihr, warum er Fotograf werden möchte. Mit zwölf Jahren, erzählt er, habe er sich von seinem Taschengeld eine Kamera gekauft. Auf dem Rückweg vom Fotoladen habe er noch in der U-Bahn angefangen zu fotografieren. Als die Bilder dann schwarz von der Entwicklung zurückgekommen seien, weil es in dem Tunnel viel zu dunkel war, sei er aber keineswegs enttäuscht gewesen. Ein Bild sei nämlich sehr wohl was geworden, das letzte, das vom Berliner Funkturm, das er geschossen habe, nachdem er ausgestiegen sei. Und dieses eine Bild in den Händen, habe er gewusst, so schließt der Junge, dass er mit dem Fotografieren weitermachen müsse.

Kurz darauf beginnt er mit der Ausbildung bei Yva. Die Erlaubnis seiner Eltern hat der Sohn des jüdischen Knopffabrikanten nicht, sein Vater ist sogar strikt dagegen. Aber Helmut ist, ganz entgegen den Befürchtungen des Vaters, ehrgeizig und fleißig – und schon im zweiten Jahr verzichtet Yva auf das Lehrgeld und zahlt ihm sogar ein Taschengeld. Am 5. Dezember 1938 verlässt Helmut Neustädter Berlin und emigriert nach Australien. Dort beginnt er seine Karriere als »Frauenfotograf«.

Bild In Yvas Atelier | **Adresse** Schlüterstraße 45, 10707 Berlin-Charlottenburg | **ÖPNV** S5, S7, S75, Haltestelle Savignyplatz; Bus M19, M29, X10, 101, 109, 110, Haltestelle Olivaer Platz | **Und heute** Viele Jahre lang konnte man im Hotel Bogota noch die berühmte geschwungene Treppe besichtigen – bis das Hotel im Jahr 2013 schließen musste.

4 Das Badehaus am Krögel

Ein stadtbekannter Ort

An einem kleinen Seitenarm der Spree liegt auf der berlinischen Seite der Krögelhof. Es ist das ausgehende Mittelalter, und die Hühner picken zwischen den Pflastersteinen nach Krumen und Körnern, in der Tordurchfahrt hängt Wäsche auf einer Leine. Im Krögel befindet sich der Eingang zum einzigen Badehaus der Stadt. Vormittags ist es geschlossen, aber schon um die Mittagszeit strömen die Besucher durch den engen Durchgang. Im Bad stehen grob gezimmerte Badekästen, alte Weinfässer und Waschzuber in unterschiedlichsten Größen, und in der Mitte des gewölbten Raumes befindet sich ein großer Bottich, in dem etwa sechs bis sieben Personen auf jeder Seite Platz haben. Barbiere bieten ihre Dienste an, Ärzte untersuchen schmerzende Körperteile und führen auf Wunsch einen Aderlass durch. Die wohlhabenden Bürger Berlins lassen hier ihre Körper pflegen.

Doch als es im Laufe der Jahre – das Mittelalter geht langsam zur Neige – mit der Moral und Sittsamkeit nicht mehr so streng gesehen wird, führt auch das Badehaus am Krögel neue Bräuche ein: Frauen, genannt »Stadtjungfern« oder auch »Hübschlerinnen«, bedienen neuerdings die Gäste im Bad.

Sie tragen so etwas wie eine Berufstracht, einen kurzen Mantel und geschorene Haare. Unter dem Vorwand des Einseifens, Schrubbens, Waschens und Badens bieten sie auch andere Dienste an – was in der Stadt kein Geheimnis ist. Der Besuch ist daher jetzt auch offiziell für verheiratete und minderjährige Männer verboten. Für Frauen sowieso.

Aber hin und wieder besuchen auch Frauen das Bad an der Spree: Es gibt den Brauch, dass die Braut den Tag ihrer Hochzeit mit den anderen Frauen im Badehaus am Krögel beginnt. Musiker und Narren begleiten sie – und man erzählt sich in der Stadt, dass die Frauen sich zu diesen Gelegenheiten im Badehaus nicht weniger gut amüsieren als an den anderen Tagen die Männer.

Adresse Am Krögel, 10179 Berlin-Mitte | ÖPNV S5, S7, S75, U8, Haltestelle Jannowitzbrücke; U2, Haltestelle Klosterstraße; Bus M48, 248, Haltestelle Nikolaiviertel | Und heute Die schmale Gasse mit ihren Hinterhöfen wurde 1935 abgerissen. An ihrer Stelle wurde das staatliche Münzprägewerk errichtet. Heute ist die Alte Münze ein Ort für Kulturveranstaltungen.

5 Der Balkon der Henny Porten

Wo Marlene Dietrich ihrem Star auflauert

Maria Magdalena Dietrich schwärmt, wie man nur als Teenager schwärmen kann. Sie verehrt die berühmte Stummfilm-Schauspielerin Henny Porten mit allem, was sie ist. Sie stellt ihr Foto auf den Nachttisch, sie sieht jeden ihrer Filme, manchmal bis zu sechs Mal. Sie kauft sich alle Star-Postkarten mit der Porten und koloriert diese dann liebevoll nach. Eines Tages wartet sie mit einem selbst bestickten Kissen versteckt hinter einer Litfaßsäule vor jener Villa im Tiergarten, in der Henny Porten lebt. Sie wartet Stunde um Stunde und hofft, dass ihre Angebetete das Haus verlässt. Und dann passiert es tatsächlich: Henny Porten tritt aus der Haustür. Maria Magdalena stürmt auf sie zu, drückt ihr das Geschenk in die Hand, stottert verlegen: »Guten Tag. Da, bitte!« – und ist auch schon wieder verschwunden.

Am 7. Januar hat der Filmstar Geburtstag. Da stellt sich das Mädchen unter dem Balkon auf und spielt auf seiner Geige »Der Engel Lied« von Braga. Henny Porten ist so gerührt, dass sie das verfrorene Mädchen hineinbittet und ihm heißen Kakao serviert. Vor lauter Aufregung bekommt Maria Magdalena kaum ein Wort heraus.

Aber von da an ist es keine bloße Schwärmerei mehr für die große Diva. Jetzt ist sie zu ihrem persönlichen Idol geworden, zu ihrer Henny Porten.

Marlene Dietrich, wie sie sich jetzt schon bald nennt, spielt Geige in dem bekannten Stummfilm-Orchester von Giuseppe Becce. Und wenn eine Premiere mit der Porten auf dem Programm steht, verlangt sie jedes Mal, in der ersten Reihe sitzen zu dürfen.

Eines Tages, wieder einmal wird ein neuer Film mit Henny Porten vorgeführt, erkennt Marlene das Kissen wieder, das sie damals für ihre Heldin bestickt hat. Und jetzt hat diese ihr Geschenk als Requisit für den Film ausgewählt! Da kann Marlene Dietrich nicht anders – und ein Aufschrei des Entzückens erschallt aus der Reihe der Geiger durch den voll besetzten Kinosaal.

Adresse Kurfürstenstraße 58, 10785 Berlin-Tiergarte | ÖPNV U1, U2, U3, U4, Haltestelle Nollendorfplatz; Bus M19, M29, 106, 187, Haltestelle U Nollendorfplatz | Und heute Echte Wiener Kaffeehausstimmung herrscht in der Tiergarten-Villa: Der Kaffee ist aus der eigenen Röstung, der Garten lauschig, und die Zeit verweilt im Café Einstein für den Moment.

6 Die Bankfiliale

Ab durch den Tunnel

Später wird Kriminalhauptkommissar Arnold Fischer den 27. Juni 1995 als den Höhepunkt seiner beruflichen Laufbahn bezeichnen, als Jahrhundertfall, als einen Coup, der an Logistik, Planung und Durchführung nicht mehr zu übertreffen ist.

Doch als er an ebendiesem Tag um 11.20 Uhr die Meldung auf seinem Schreibtisch liegen sieht: »Vier maskierte Täter haben die Commerzbank am Schlachtensee überfallen, 16 Kunden und Angestellte als Geiseln genommen und fordern 17 Millionen Mark Lösegeld, einen Hubschrauber und einen Fluchtwagen«, da ist Fischers erster Gedanke: Das ist eine Übung. Denn die Kripobeamten haben gerade erst an einem Seminar teilgenommen, Thema: Bankraub mit Geiselnahme.

Doch die Meldung ist echt. Die kleine Bankfiliale in dem Villenviertel wird sofort weiträumig gesperrt. Die geforderte Summe sprengt jeden bisher da gewesenen Rahmen. Die Polizei übergibt fünf Millionen und stellt ein Ultimatum für die Freilassung der Geiseln. Aber die Täter in der Bank bestehen auf Fluchtauto und Hubschrauber. Eine geniale Täuschung: Denn als die Polizei um 3.43 Uhr nachts die Filiale stürmt, sind die Täter nicht mehr im Gebäude, sie sind durch einen Tunnel geflohen, mit einer Beute aus den Schließfächern von ungefähr 16,3 Millionen Mark. Arnold Fischer, der inzwischen mit der Leitung der Sonderkommission Commerzbank beauftragt ist, steigt kurz darauf in den Tunnel – nach 170 Metern endet der Kriechgang für Fischer und seine Leute in einer Garage. Dort findet der Kommissar Skateboards und Overalls in vier verschiedenen Farben mit farblich passenden Schuhen. Ein Rätsel bleibt es für die Polizei, wie die Bankräuber das hermetisch abgeriegelte Viertel rund um den Schlachtensee verlassen konnten.

Fünf Wochen später hat Arnold Fischer sechs von den elf Tunnelgangstern festgenommen. Von der Beute aber kann nur etwa ein Drittel sichergestellt werden.

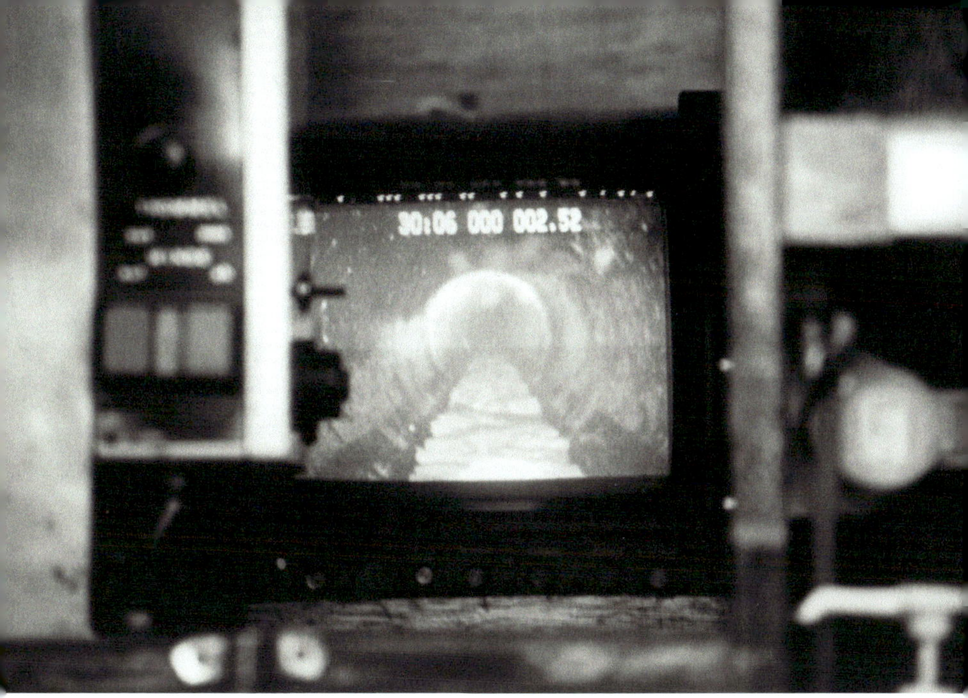

Adresse Breisgauer Straße 8, 14129 Berlin-Zehlendorf | ÖPNV S1, Haltestelle Berlin-Schlachtensee | Und heute Die überschaubare Ladenzeile hat schnell wieder in die gewohnte Ruhe zurückgefunden. Die Bankfiliale gibt es nicht mehr – und der Tunnel ist bestimmt auch längst zugeschüttet.

7 Die Bar im Hotel Adlon

Der berüchtigste Pelz von Berlin

Sie ist anmutig und von einer obszönen Schönheit, die jedem den Atem verschlägt. Mit feuerroten Haaren und in einem bodenlangen Hermelinpelz, der bis oben zugeknöpft ist, betritt Anita Berber eines Abends in den 1920er Jahren das Hotel Adlon. Sie bestellt drei Flaschen Champagner für sich und ihre Begleiter. Und dann passiert es: Sie nestelt an ihrem Hals, der Pelz geht zu Boden – und Anita Berber steht nackt vor allen Gästen, nur noch in ihren Goldschuhen mit den unerhört hohen Absätzen. Erstickte Aufschreie von den Tischen. Doch der Oberkellner legt der Berber souverän und beinahe zärtlich ihren Pelz über die Schultern – und dreht sie dann sanft, aber bestimmt in Richtung Tür.

Ein Auftritt nach Berbers Geschmack. Sie ist wahrscheinlich die ruchloseste Frau der Weimarer Republik. Und ganz Berlin ist scharf auf sie. Wo sie auftaucht, sorgt sie für Furore. Anita Berber trägt Ausschnitte bis zu ihrem rot geschminkten Bauchnabel und als erste Frau einen Smoking – doch am allerliebsten trägt sie: nichts. Sie besitzt ein kleines Äffchen, und sie liebt nichts mehr, als ihren kleinen Liebling unter dem Pelz spazieren zu führen.

Und sie liebt es zu tanzen. Schon mit 19 Jahren besorgt sie sich ihre Engagements an den großen Varietébühnen, inszeniert ihre eigenen Choreografien, tanzt ihren unstillbaren Lebenshunger, natürlich meistens nackt.

Ihre Stücke heißen »Kokain« oder »Tänze des Lasters, des Grauens und der Ekstase«. Anita Berber ist kokain- und morphiumabhängig – kurz: vollkommen hemmungslos.

Als 1926 eine Beschwerde bei der Polizei eingeht, dass die Tänzerin im Metropol-Varieté das Sittlichkeitsgefühl aufs Gröbste verletzen soll, muss ein Beamter diese Beschwerde prüfen – und sich die Vorstellung ansehen. Völlig erschüttert kehrt dieser zurück, und umgehend wird gegen den Besitzer des Nachtclubs ein Strafverfahren eingeleitet.

Adresse Unter den Linden 77, 10117 Berlin-Mitte | **ÖPNV** S1, S2, S25, U55, Haltestelle Brandenburger Tor; Bus M85, Haltestelle Reichstag/Bundestag; Bus TXL, 100, Haltestelle S+U Brandenburger Tor | **Und heute** Dass es an der Bar im Adlon wohl keinen Drink gibt, den es nicht gibt, ist hinlänglich bekannt. Und auch die Promidichte an der Adlon-Bar ist kein ungelüftetes Geheimnis mehr.

8 Die Bendlerbrücke

Der Fall Anastasia

An einem Winterabend im Jahr 1918 stürzt sich eine junge Frau in den Landwehrkanal. Ein Polizist kann die Lebensmüde aus dem Wasser retten und bringt sie in ein Krankenhaus. Langsam erholt sie sich, weigert sich jedoch, ihren Namen zu nennen. Sobald die Frage nach ihrer Familie und Herkunft auftaucht, zieht sie sich die Bettdecke über den Kopf und dreht sich zur Wand. Nach einigen Wochen wird die junge Frau schließlich in die Irrenanstalt Dalldorf überführt und als »Fräulein Unbekannt« auf Station B in Haus 4 einquartiert.

Nach und nach beginnt die Patientin Vertrauen zu einer Schwester zu fassen und erzählt ihre Geschichte: Sie sei Anastasia Romanowa, Tochter des russischen Zaren Nikolaus II., und habe als Einzige die Blutnacht von Jekaterinburg im Juli 1918 überlebt. Deshalb dürfe auch niemand wissen, wer sie sei. Sie fürchte sich vor sowjetischen Verfolgern.

Nach dem Massaker an ihrer Familie, so erzählt Großfürstin Anastasia, wurde sie von einem Soldaten heimlich nach Rumänien gebracht, sie heiratete ihn in Bukarest und bekam ein Kind. Ihr Mann wurde erschossen, und sie floh mit ihrem Schwager nach Berlin. Dort angekommen, verlor sie ihren Begleiter in der Großstadt aus den Augen. Ohne Geld, ohne Papiere und in ständiger Angst vor der Verfolgung ist ihre Verzweiflung derart gewachsen, dass sie von der Brücke sprang.

Als die Geschichte die Runde macht, nehmen sich russische Exilmonarchisten ihrer an. Einige bestätigen, in ihr die letzte Zarentochter zu erkennen – viele andere halten sie jedoch für eine Betrügerin. Trotz der unzähligen Gegenüberstellungen lässt sich der Fall Anastasia nicht endgültig klären. Erst als 1991, nach dem Zusammenbruch der Sowjetunion, das Massengrab der Zarenfamilie gefunden wird, beweist es schlussendlich der DNA-Vergleich: Die Anastasia von der Bendlerbrücke war in Wirklichkeit die polnische Arbeiterin Franziska Schanzkowska.

Adresse Bendlerbrücke, 10785 Berlin-Tiergarten | ÖPNV Bus M29, Haltestelle Gedenkstätte Deutscher Widerstand | Und heute Die schmucklose, in den 1950ern neu errichtete Brücke liegt im Schatten des Shell-Hauses, einem der größten Meisterwerke der Neuen Sachlichkeit.

9 Das Big Eden

Der König vom Kurfürstendamm

Eine Treppe führt steil hinunter, rechts und links hängen unzählige Fotos: strahlende Gesichter, erhobene Gläser – und mittendrin, fast auf jedem Bild: der Gastgeber. Als Rolf Eden 1967 seine vierte Diskothek eröffnet, nennt er sie schlicht: Big Eden. Auch seine anderen Clubs hat er nach sich selbst benannt: Old Eden, Eden Playboy Club, Eden Schlüsselloch.

Das Big Eden ist sein größter Laden und »von Anfang an ein Smashhit«, so Berlins Partykönig. Aber für viele Ende der siebziger Jahre auch ein Schock. Denn Rolf Eden ist ein Playboy. Und stolz darauf – das betont er immer wieder: »Ein Lebemann – was soll denn daran schlecht sein?«

Er wird später sieben Kinder aus sieben verschiedenen Beziehungen haben. Kein Wunder, dass ihn fast alle kennen – aus den Klatschspalten ihrer Zeitung. Eden, sagt Eden, hat die Diskothek erfunden. Und für Berlin stimmt das vielleicht wirklich: Edens Clubimperium verwandelt das Westberliner Nachtleben in eine einzige sexy Show: Im Playboy Club planschen internationale Promis und die Westberliner Tennisclub-Mitglieder im Swimmingpool, weibliche DJs legen oben ohne auf, und im Big Eden werden die ersten Schönheitsköniginnen von Berlin gekürt. Diese Abende liebt Rolf Eden ganz besonders. Über die Spiegel-Tanzfläche mit den Stangen und den goldenen Sitzecken am Rand laufen dann zu »Night Fever« die nummerierten Bikini-Mädchen. Diese Abende moderiert der Chef persönlich in dem weißen Sakko, das zu seinem Markenzeichen geworden ist. Am Ende setzt er der gekürten Miss selbst das silberne Krönchen auf die meist blonden langen Haare. 35 Jahre später, nachdem er seine Clubs wieder verkauft hat, wird er sich rühmen, über 1.000 Frauen gehabt zu haben.

Wenn Eden tagsüber Zeit hat, fährt er immer noch gern den Ku'damm hoch und runter, natürlich im Rolls-Royce. »Das ist mein Königreich«, sagt Rolf Eden und grüßt zurück, wenn jemand winkt.

Adresse Kurfürstendamm 202, 10719 Berlin-Charlottenburg | ÖPNV S5, S7, S75, Haltestelle Savignyplatz; Bus M19, M29, X10, 109, 110, Haltestelle Bleibtreustraße | Und heute Keine bunten Lichtkegel leuchten mehr über die Gehwegplatten. Nur der Guckschlitz für den Türsteher erinnert noch an Zeiten des Night Fever auf dem Ku'damm.

10 Die Bockbrauerei

Die vorgeführten Deutschen

Alles, was er macht, ist neu, anders, spektakulär: Er tänzelt um seine Gegner, er flitzt aus der Zielgeraden, er spricht mit seinen Rivalen im Ring und wirft Kusshände ins Publikum. Der rohe Faustkampf wirkt bei ihm ganz leicht und unbeschwert. Mit seinen schwarzen Locken ist Johann »Rukeli« Trollmann der Publikumsliebling und Frauenschwarm seiner Zeit.

1933 tritt der 25-Jährige in der Bockbrauerei am Tempelhofer Berg im Kampf um die Deutsche Meisterschaft im Halbschwergewicht an – und gewinnt. Doch dem Deutschen Boxverband, der bereits durch und durch nationalsozialistisch besetzt ist, passt dieser Sieg ganz und gar nicht: Johann Trollmann, ein Sintodeutscher, ein »Zigeuner« als Deutscher Meister? Der Abend wird zu einem Skandal: Der Boxverband will den Kampf nicht werten, muss aber dem Druck des aufgebrachten Publikums schließlich nachgeben. Eine Woche später bekommt Trollmann einen Brief: Der Meistertitel wurde ihm »wegen seines undeutschen Kampfstiles« wieder aberkannt.

Die nicht arische Herkunft des Boxidols ist dem neuen deutschen Machtgefüge ein gewaltiger Dorn im Auge. Deshalb wird ein Kampf angesetzt, der so aussichtslos für Trollmann ist, dass der Boxverband hofft, ihn damit herabwürdigen und aus dem Boxsport ausschließen zu können. Er soll gegen den viel besseren Weltklasseboxer Gustav Eder antreten – und zwar mit der Auflage, »wie ein Deutscher zu kämpfen« – ansonsten würde er sofort disqualifiziert. Mit diesem Kampf soll der ganzen Welt gezeigt werden, dass Nichtarier der arischen Rasse unterlegen seien.

Doch es kommt anders. Vorgeführt wird an diesem Abend im Juli 1933 in der Bockbrauerei nicht Trollmann, sondern seine Widersacher: Rukeli Trollmann erscheint im Ring als die Karikatur eines Ariers: Mit wasserstoffblond gefärbten Haaren und weiß gepudertem Körper stellt er sich breitbeinig in die Mitte – und lässt sich k. o. schlagen.

Adresse Fidicinstraße 2/3, 10965 Berlin-Kreuzberg | ÖPNV U6, Haltestelle Platz der Luftbrücke; Bus 104, 248, Haltestelle U-Bahn Platz der Luftbrücke | Und heute In dem ruhigen Hof rund um den alten Brauereischornstein haben sich Kunst- und Kulturschaffende, Unternehmen und Werkstätten eingemietet.

11 Der Bolle-Supermarkt

... hat auch schon mal besser ausgesehen

An diesem 1. Mai 1987, an dem Tag, an dem Bolle brennt, wird Kreuzberg endgültig zum Mythos. Alles beginnt mit einem Straßenfest auf dem Lausitzer Platz. Am Nachmittag stürzen Autonome einen Streifenwagen um und schieben zwei Bauwagen auf die Straße. Die Polizei löst das Straßenfest mit Tränengas auf, Autonome und Anwohner errichten Barrikaden – und die Polizei muss sich schließlich über die Skalitzer Straße aus dem Viertel zurückziehen.

Die Situation gerät außer Kontrolle: Barrikaden brennen, kleine Geschäfte werden geplündert, die BVG stellt den Hochbahnverkehr nach Kreuzberg ein. Und dann brennt Bolle. Die Flammen schlagen hoch in den nächtlichen Himmel, und am Ende bleibt nichts mehr übrig vom Supermarkt am Görlitzer Bahnhof. In der »BILD« steht: »Bolle ausgebrannt! Wie im Krieg: In den Straßen, wo die Schlacht tobte, riecht es immer noch nach Brand.« Und sogar der »New Yorker« wird später in einer Geschichte über Kreuzbergs Autonome von dem Tag berichten, an welchem »der größte Supermarkt Berlins geplündert und unter großer Begeisterung aller niedergebrannt wurde«.

Es ist nun endgültig besiegelt: In Kreuzberg sind Krawalle an der Tagesordnung, und die Randalierer schrecken vor nichts zurück. Das kommt den Politikern nicht ungelegen im Kampf gegen die Hausbesetzerszene, und das gefällt auch den Autonomen ganz gut: Bolle, das ist und bleibt ihre Heldentat. Deshalb interessiert sich wohl auch niemand besonders dafür, als die Polizei am 29. März 1990 einen Mann in Kreuzberg festnimmt, einen Pyromanen, der allein 48 Brandstiftungen in Berlin gesteht. Unter anderem den Bolle-Brand am 1. Mai.

Auf der verkohlten Mauer auf dem Eckgrundstück steht viele Jahre lang der Spruch: »Bolle hat auch schon mal besser ausgesehen«, und »BILD« prophezeit, dass sich wohl kein Supermarkt jemals mehr trauen wird, hier auf dem Gelände eine Filiale zu eröffnen.

Adresse Skalitzer Straße/Wiener Straße, 10999 Berlin-Kreuzberg | **ÖPNV** U1, Haltestelle Görlitzer Bahnhof; Bus M29, Haltestelle U Görlitzer Bahnhof | **Und heute** Erst 17 Jahre später wird hier wieder gebaut. Der Islamische Verein für wohltätige Projekte finanziert den Bau für die Umar Ibn Al-Khattab-Moschee, die 2010 eingeweiht wird.

12 Die Borsig'schen Gärten

Wettlauf um eine Königin

August Borsig ist berühmt. Sein Name steht für modernste Industrieanlagen, für die allerersten Dampflokomotiven, die über Preußens Schienen rollen – und für seine Gärten. Auf dem neuen Werksgelände am Moabiter Spreeufer lässt Borsig sich 1847 eine Anlage von Preußens Star-Gartenkünstler Peter Joseph Lenné anlegen. Sie soll eine Sehenswürdigkeit der Stadt werden. Als besonderes Highlight gelten die Gewächshäuser mit den Kamelien, der Modeblume überhaupt in adligen und großbürgerlichen Kreisen. Aber auch das Palmenhaus, die Blumenbeete mit den seltenen und unaussprechlichen Pflanzen sowie das Reh-Gehege sind Orte, von denen es heißt, dass man sie gesehen haben muss. Selbst Friedrich Wilhelm IV. lässt sich dies nicht entgehen und stattet den Gärten am Spreeufer einen Besuch ab. Später gesteht er: »So wie Sie, mein lieber Borsig, möchte ich auch mal wohnen.«

Weltweit bekannt werden die Borsig'schen Gärten einige Jahre später durch die erste in Berlin blühende Riesenseerose, die *Victoria amazonica*. Als Borsig hört, dass es in England erstmals gelungen ist, die »Königin der Seerosen« zu kultivieren, ist sein Ehrgeiz geweckt: Er lässt ein neues, kuppelförmiges Gewächshaus aus Eisen und Glas bauen und erwärmt das Wasser für die Pflanzen zuvor in den Fabrikanlagen nebenan. Diese einmalige Bewässerungsidee ist vielleicht auch entscheidend dafür, dass er am 19. Juli 1852 den Wettlauf gegen den Königlichen Botanischen Garten in Schöneberg um die erste Blüte der *Victoria amazonica* gewinnt. Als die Zeitungen davon berichten, fegt ein wahrer Besucheransturm über die Borsig'schen Gärten hinweg. Die Menschen stehen Schlange vor dem Eingang, der wie immer an jedem Dienstag und Freitag für die Bevölkerung geöffnet ist.

Ein Besuch der Gartenanlage ist zwar nicht umsonst, aber das Geld fließt schließlich in die Arbeiter-Invalidenkasse der Borsig-Werke.

Adresse Stromstraße zwischen Alt-Moabit und Spreeufer, 10555 Berlin-Tiergarten | ÖPNV U9, Haltestelle Turmstraße; Bus M27, TXL, 101, 123, 187, 245, Haltestelle U Turmstraße | Und heute Auf der Straße Alt-Moabit reihen sich Mietshäuser an neue Gewerbefassaden, mittendrin liegt das Bundesministerium des Inneren. An der Wasserseite kann man gehoben speisen.

13 Die Bötzow-Brauerei

Das Ende der Windmühlenzeit

Christian Friedrich Bötzow hat es schon früh kommen sehen: Die Industrialisierung würde auch vor dem romantischen Windmühlenberg vor dem Prenzlauer Tor nicht haltmachen, wo er – wie alle anderen auch – auf seinem Grund Mühlen aufgestellt hat. Obwohl sich die Mühlenräder in diesem Jahr noch unermüdlich drehen, stellt Bötzow schon am 26. August 1826 den Antrag, auf dem Berg ein »Caffeehaus rücksichtlich der schönen Aussicht« einrichten zu dürfen. Der Antrag wird jedoch vom Königlichen Polizeipräsidium abgelehnt. Die Feuergefahr für die Mühlen sei zu groß, heißt es.

In den folgenden Jahren verändert sich der Mühlenberg in allergrößtem Eilschritt: 1847 setzt der erste Mühlenbesitzer eine Dampfmaschine ein, und schon bald stehen auch alle anderen Windräder auf dem Mühlenberg eins nach dem anderen still. Als am 30. November 1900 die Adler-Mühle in der Prenzlauer Allee als letzte niederbrennt, war Familie Bötzow in der Zwischenzeit nicht untätig: In diesem Jahr ziehen die Nachkommen des Christian Bötzow in das neue Wohnhaus in der Prenzlauer Allee ein, das von nun an auch das »Schloss des Nordens« genannt wird – und das die Bewohner des vornehmen Westens voller Überraschung und nicht ohne Neid bestaunen.

Nachdem es 1832 in Berlin gelungen war, untergäriges Bier zu brauen, hatte Julius Bötzow, der Enkel Christian Bötzows, eine Brauerei und eine unterirdische Lagerstätte, eine Kellerei, gegründet. Die Genehmigung für eine Gastronomie hatte er inzwischen auch bekommen, sodass er einen Brauereiausschank mit Aussicht einrichten konnte. Seine Nachkommen bauten diesen nach seinem Tod zu einem großen Biergarten aus, in dem bis zu 6.000 Menschen Platz fanden.

Ihr Urgroßvater hatte den richtigen Riecher gehabt: Die Berliner strömen nun wochenends auf den Windmühlenberg. Aber nicht nur wegen der Aussicht, sondern auch wegen des guten Weißbieres.

Bild Auf dem Windmühlenberg | Adresse Prenzlauer Allee 246, 10405 Berlin-Prenzlauer Berg | ÖPNV U2, Haltestelle Senefelder Platz; Tram M2, Haltestelle Prenzlauer Allee/Metzer Straße | Und heute Nach Windmühlenberg hätte es eigentlich Bierberg heißen müssen: Die vielen Backstein-Brauereien vor dem früheren Prenzlauer Tor stehen auch heute noch fast alle.

14 Das Brandenburger Tor

Der Wagen hält an der nächsten Haltestelle

Ungefähr 32 Pferdebesitzer erhalten 1815 die Erlaubnis, rund um das Brandenburger Tor ihre Pferdekutschen für bestimmte Strecken oder Zeiträume zu vermieten. Das ist eine Sensation: Bis jetzt war es nämlich ausschließlich Personen vom Hof, Adligen oder angesehenen Künstlern gestattet, in Kutschen zu fahren. Das Volk ging zu Fuß. Jetzt ist es mit einem Mal möglich, sich gegen ein Entgelt aus seinem Stand heraus zu erheben. Aber, wie sich zeigt, können sich nicht viele diese Ausflüge leisten – und so stehen die Kutscher die meiste Zeit über neben ihren Wagen, schlagen die Zeit tot und trinken Alkohol.

Da hat Hofrat Simon Kremser 1825 eine Idee. Und er bekommt auch prompt die Erlaubnis vom König, seinen Plan umzusetzen – natürlich erst einmal probehalber. Simon Kremser stellt seine selbst konstruierten, gefederten und überdachten Kutschen für ungefähr zehn bis 20 Personen am Brandenburger Tor auf. Die Routen für die Fahrten sind vorgeschrieben, und das Unglaubliche: Es gibt feste Haltestellen mit Plänen, auf denen die jeweiligen Abfahrtszeiten nachzulesen sind. Da die »Kremser« vor allem an den Wochenenden von den Ausflüglern genutzt werden, um mit der »Valobungsjondel« eine Tour hinaus ins Grüne zu machen, gehen die Linien der Pferdeomnibusse bald sternförmig vom Brandenburger Tor ab. Schon bald gibt es eine Route nach Pankow, nach Schöneberg und nach Charlottenburg. Die Kutscher tragen Uniform und sind zuvorkommend.

Simon Kremser hat aber nicht nur den öffentlichen Personennahverkehr erfunden. Da er weit und breit die meiste Erfahrung in Transportgeschäften besitzt, soll ihn der König einige Jahre zuvor auch beauftragt haben, die von Napoleon nach Paris verschleppte Quadriga des Brandenburger Tors wieder nach Berlin zu bringen. Mit Erfolg. Schon bald stand sie wieder an ihrem Platz – und hieß sodann viele Jahre lang in der ganzen Stadt schlicht: »Die Retourkutsche«.

Bild Eine Kremserfahrt des Gesangvereins »Heiserkeit« | Adresse Pariser Platz, 10117 Berlin-Mitte | ÖPNV S1, S2, S25, U 55, Haltestelle Brandenburger Tor; Bus M85, 100, Haltestelle Reichstag; Bus TXL, 100, 200, Haltestelle S+U Brandenburger Tor | Und heute Man kann auch heute noch auf Gefährte umsteigen, um dem Besuchertreiben hier zu entgehen: Es gibt Fahrrad-Rikschas und – ja, genau: Kremser-Kutschen.

15 Die Brücke über der Bäke

Späte Rache

Hans Kohlhase ist ein angesehener Kaufmann in Cölln an der Spree. Er gilt als ehrlich und rechtschaffen. Am 1. Oktober 1532 bricht er frühmorgens auf, um seine Ware, Speck, Honig und Hering, auf der Messe in Leipzig zu verkaufen.

Doch als er im Dorf Wellaune rastet, geschieht etwas, das die Länder Sachsen und Brandenburg für die nächsten acht Jahre in Atem halten wird. Ihm werden seine beiden Pferde auf Befehl des sächsischen Kurfürsten Günther von Zaschwitz entwendet, welcher Kohlhase beschuldigt, ihm die Pferde gestohlen zu haben. Hans Kohlhase ist empört über diese Willkür – und schwört, dass er dieses Unrecht nicht auf sich sitzen lassen wird.

Er fordert seine Pferde von dem Junker zurück und Schadensersatz, da er an diesem Tag sein Geschäft auf der Messe verpasst hat. Er soll dann auch seine Pferde Wochen später gegen ein horrendes Futtergeld zurückbekommen, doch die Tiere sind dermaßen abgemagert und geschunden, dass Hans Kohlhase erst recht in Rage gerät – und sie beim Kurfürsten stehen lässt.

Jetzt fordert er Vergeltung. Aus dem ehrbaren Kaufmann wird ein gefürchteter Aufrührer, der in einem Fehdebrief Günther von Zaschwitz und auch dem eigenen Kurfürsten in Brandenburg wegen der untersagten Unterstützung offiziell die Feindschaft erklärt. Von da an zieht Kohlhase mit einer ganzen Bande von Anhängern durch das Land und raubt und verschleppt reiche sächsische Bürger.

1540 bietet sich für Kohlhase die Gelegenheit, sich ernsthaft zu rächen. Er lauert einem kurfürstlichen Silbertransport auf dem Weg nach Berlin auf – und versenkt die Barren unter einer Brücke in dem Flüsschen Bäke. Es geht ihm nicht um das Geld, er holt es sich auch später nicht aus dem Versteck. Die Silberbarren werden nie gefunden. Das Volk aber, das in ihm einen Streiter gegen die Ungerechtigkeit sieht, benennt seitdem die Brücke und später sogar ein Dorf nach ihm: Kohlhasenbrück.

Adresse Neue Kreisstraße (Brücke) nach Kohlhasenbrück, 14109 Berlin-Zehlendorf | ÖPNV S7, Haltestelle Griebnitzsee (1 Kilometer Fußweg); Bus 118, Haltestelle Neue Kreisstraße | Und heute Die kleine Bäke wurde zum Teltowkanal, die kleine Brücke vor dem heutigen Ortsteil Kohlhasenbrück ist nun eine zweckdienliche Straßenbrücke.

16 Der Buschkrugpark

Die Britzer Prinzessin

Als Dr. Gertrud Dorka, Direktorin des Museums für Vor- und Frühgeschichte in Berlin, 1951 diese Nachricht erhält, fährt sie auf der Stelle nach Britz: Die Männer, die in der Kiesgrube zwischen Blaschko- und Buschkrugallee einen neuen Park anlegen, sind bei ihren Arbeiten auf eine goldene Münze gestoßen. Als sie die Erde vorsichtig zur Seite schieben, finden sie Knochen! Es scheint das Skelett einer Frau zu sein und: alt, sehr alt – so lauten die ersten Mutmaßungen der Experten, die nach und nach in der Neuköllner Kiesgrube eintreffen. Außerdem sind sie sich schnell einig, dass es sich um einen jungen Menschen handeln muss, der hier beerdigt wurde, denn das Skelett ist nicht ausgewachsen, und die Weisheitszähne fehlen noch.

In dem Grab werden außer der Goldmünze, die der Leiche wahrscheinlich in den Mund gesteckt wurde, noch weitere Gegenstände gefunden: eine Schale, ein Kamm, zwei Broschen, eine Schere, ein Schlüssel. Wahrscheinlich lag alles in einem Lederbeutel, eine Beigabe, die dem Mädchen mit ins Grab gegeben worden war.

Als die Schale gereinigt ist, halten die Berliner Forscher eine schöne hellgrüne Glasschale mit Verzierungen in den Händen. Das bringt sie einen erheblichen Schritt weiter: Denn diese Schalen wurden rund 500 Jahre nach Christus in einer Gegend westlich des Rheins hergestellt. Und das bedeutet, dass die Glasschale vom Rhein an die Spree transportiert wurde – was damals ganz und gar nicht alltäglich war: Nur sehr reiche Menschen konnten es sich leisten, hübsche Dinge aus entfernten Gegenden zu erwerben. Und deswegen, schlussfolgert Dr. Gertrud Dorka, kann es sich um kein gewöhnliches Mädchen gehandelt haben, das hier ungefähr 550 nach Christus bestattet wurde: Dieses Mädchen musste aus einer Königsfamilie stammen. Das spricht sich schnell herum – und das Skelett wird der Einfachheit halber nach seinem Fundort getauft: »Die Britzer Prinzessin«.

Adresse Blaschkoallee, Höhe U-Bahnhof Blaschkoallee, 12359 Berlin-Neukölln | ÖPNV U7, Haltestelle Blaschkoallee; Bus 170, Haltestelle U Blaschkoallee; Bus 171, Haltestelle Buschkrug | Und heute Stangenwald und Sensorikweg – 2011 wurde hier ein Motorikpark eröffnet. Den Kamm der Britzer Prinzessin kann man im Museum Neukölln anschauen, Alt-Britz 81.

17 Das Café des Westens

Der rote Richard aus dem »Größenwahn«

Was gibt's Neues, was gibt's Neues? Während Berlin um 1900 von einem rasenden Tempo erfasst wird, die Fernschreiber in den Redaktionen ununterbrochen ticken und nichts so alt ist wie die Morgenzeitung am Mittag – gibt es einen Ort in der Stadt, wo sich die Essayisten und Feuilletonisten, die Schriftsteller und Theatermacher, kurz: alle diejenigen treffen, die sich über die geistigen, gesellschaftlichen und politischen Entwicklungen ihrer Zeit Gedanken machen: Es ist das erste Café im Westen der Stadt, bekannt ist es allerdings vor allem unter einem anderen Namen: Als Café Größenwahn.

Wer mitreden möchte, muss Zeitung lesen – und dafür gibt es im Café des Westens einen extra Zeitungskellner. Er heißt Richard und er kennt sie alle: Frank Wedekind, Else Lasker-Schüler, Christian Morgenstern, Alfred Döblin, Walter Benjamin, Max Reinhardt. Richard weiß, was sie lesen und woran sie gerade schreiben. Und alle kennen Richard.

Er ist nicht zu übersehen mit seinem Buckel und den roten Haaren. Der Journalist Joseph Roth nennt ihn liebevoll »den roten Richard«, Walter Trier hat ihn huldvoll karikiert. Er ist ihr Mäzen. An die Wand pinnt Richard Ausschnitte und Ankündigungen, die seine Gäste betreffen, und nachmittags, wenn es im Größenwahn still wird, schreibt er an seinen eigenen Memoiren.

Als das Café des Westens 1921 aus wirtschaftlichen Gründen schließen muss, protestieren die Stammkunden. Die großen Literaten ihrer Zeit randalieren und werden schließlich zum Teil aufs Revier abgeführt.

Nur der »rote Richard« behält einen klaren Kopf. Er geht reihum – und sammelt Unterschriften. Er ahnt, dass die Namen seiner Schützlinge nicht so schnell in Vergessenheit geraten werden – und das in letzter Sekunde erstellte Stammbuch des Café Größenwahn wird sein großer Dienst an der Literatur – bevor seine Wirkungsstätte für immer schließt.

Adresse Kurfürstendamm/Joachimsthaler Straße, 10719 Berlin-Charlottenburg | ÖPNV S5, S7, S75, Haltestelle Zoologischer Garten; U9, Haltestelle Kurfürstendamm; Bus M19, M29, M46, X10, 109, 110, 204, 249, Haltestelle U Kurfürstendamm | Und heute Im legendären West-Berliner Café Kranzler kann man auch heute wieder Kaffee trinken und Zeitung lesen – THE BARN Café Kanzler serviert Kaffee aus der eigenen Rösterei.

18 Das Café Kranzler

Ein mondäner Fürst

Der Zeitpunkt ist gut gewählt: Wie gewöhnlich ist die gesamte Berliner Gesellschaft am Nachmittag auf der Terrasse des Café Kranzler versammelt und verfolgt mit, wie Fürst Pückler das Vierergespann, aus seinem Stall auf der gegenüberliegenden Straßenseite hinauslenkt und einige Male »Unter den Linden« auf- und abfährt – bevor der wohl allen bekannte, schlanke Mann vor dem Café die Zügel zieht und aussteigt. Die Sensation: Die Kutsche von Pückler wird nicht von Pferden gezogen, sondern von vier gezähmten Hirschen mit prächtigem Geweih und tänzelndem Schritt.

Doch die extravaganten Auftritte des Fürsten Hermann von Pückler in den Jahren 1815 / 1816 sind allgemein bekannt. Er ist das schillernde Gegenbeispiel zum zugeknöpften, strammstehenden preußischen Idealbild: Pückler ist Spieler, Individualist, Gartenliebhaber, Langschläfer und Schriftsteller.

»Meine Haupteigenschaft ist der Geschmack«, sagt Pückler über sich selbst. Das aber ist also nichts Neues. Worüber sich seine Zeitgenossen dieser Tage den Kopf zerbrechen, ist die Frage, wem sein Buhlen vor der Caféterrasse gilt. Lucie von Pappenheim, ihrer Tochter Adelheid – zwölf Jahre jünger als Pückler – oder Lucies schöner Pflegetochter Helmine.

Pückler wird diejenige auswählen, von der wahrscheinlich alle dachten, dass sie am wenigsten Chancen hat: Lucie. Es ist eine kalkulierte Heirat. Er schätzt Lucie und wird sich sein Leben lang mit ihr beraten – fordert aber auch, sein ungezügeltes Leben weiterhin zelebrieren zu können: Auf dem Landsitz Muskau in der Oberlausitz, wo er sich seinen Traum von einem Gartenkunstwerk verwirklicht, hält er sich einen Hofstaat, der einem Kuriositätenkabinett gleicht. Das spektakulärste Mitglied ist der Schnellläufer Ernst Mensen. Er wird von Pückler in einen himmelblauen Anzug gesteckt und übernimmt dessen Briefverkehr zwischen Berlin und der Lausitz. Zu Fuß.

Adresse Unter den Linden 25, 10117 Berlin-Mitte | **ÖPNV** S1, S2, S5, S7, S25, S75, U6, Haltestelle Friedrichstraße; Tram M1, Haltestelle S+U Friedrichstraße; Bus TXL, 100, 200, 147, Haltestelle Unter den Linden/Friedrichstraße | **Und heute** Als das Haus der Schweiz im Jahr 1936 gebaut wurde, haben die Nationalsozialisten das geplante Denkmal des Freiheitskämpfers Wilhelm Tell verboten. Als Kompromiss wurde die Figur von dessen Sohn Walter Tell angebracht.

19 Die CCC-Studios

Stadtrundfahrt mit Trompete

Niemand kommt 1948 kurz vor der Blockade auf die Idee, in Berlin zu investieren. Außer einem: Artur Brauner gründet in Spandau die »Central Cinema Company« – die schon bald Deutschlands größte Filmproduktionsfirma sein wird.

Und so kann er es sich 1961 auch leisten – wie er selbst es später ausdrückt –, Louis Armstrong für eine kleine Rolle in dem Film »Auf Wiedersehen« zu engagieren. Nach dem letzten Drehtag in den CCC-Studios kommt Louis Armstrong zu Brauner und schlägt vor, zum Abschluss etwas total Verrücktes zu machen. Artur Brauner überlegt und zählt einige Bars auf, aber Armstrong schüttelt nur den Kopf: »Nicht verrückt.« Er möchte von Brauner im Auto durch die Stadt gefahren werden. Die Fahrt geht los – und Louis Armstrong zieht die Trompete aus seiner Jacke hervor und spielt seine Lieder zum offenen Fenster in die Berliner Nacht hinaus. Zuerst »When the saints go marching in« und als sie den Ku'damm erreichen: »HighSociety Calypso«.

Er spielt und spielt und freut sich wie ein kleines Kind über das Verkehrschaos, das er verursacht. Er bittet Brauner, je nach Song mal langsam und mal schnell zu fahren: Bei »True Love« also höchstens 30 Stundenkilometer, bei »Tiger Rag« wenn möglich 120. Für alle Strafen komme er auf, sagt er lachend und spielt schon wieder weiter. Brauner kann Armstrong gerade noch den Zickzackkurs ausreden. Irgendwann kommen sie nach Wannsee, passieren den Grenzposten und erreichen Potsdam. Armstrong möchte halten und vor meiner russischen Kommandantur spielen, obwohl das Brauner nicht ganz geheuer ist. Aber Armstrong sagt: »Die Russen lieben Musik, das weiß doch jedes Kind.« – Und schon klingt laut und beschwingt »Kalinka« durch die Nacht. Die Russen lieben es wirklich, sie bringen Wodka, staunen und wollen noch mehr Lieder hören. Auf dem Rückweg sagt Louis Armstrong erstaunt und mehr zu sich selbst: »Die haben mich nicht erkannt.«

Bild Szene aus dem Film »Auf Wiedersehen« | Adresse Kleine Eiswerderstraße 14, 13599 Berlin-Spandau | ÖPNV U7, Haltestelle Haselhorst (circa 1,5 Kilometer Fußweg); Bus 236, Haltestelle Kleine Eiswerderstraße | Und heute Die Hallen in Spandau haben ihre glorreiche Zeit hinter sich. Nach Anmeldung kann man die Studios besichtigen.

20 Die Charité

Verspäteter Ruhm

Als Ferdinand Sauerbruch, Direktor der Berliner Charité, am 5. November 1929 die Zeitung aufschlägt, steigt der Zorn in ihm hoch. Das Boulevardblatt »Nachtausgabe« beschreibt in reißerischem Ton den Selbstversuch eines jungen Mediziners. Es handelt sich hierbei um niemand anderen als seinen kürzlich eingestellten Assistenzarzt Werner Forßmann.

Der 25-Jährige hat sich heimlich in der Mittagspause einen Harnkatheter am Ellenbogen in die Vene geschoben. 30 Zentimeter tief. So ist er in den Keller zum Röntgenapparat gelaufen, hat sich, dort angekommen, die Sonde weitere 30 Zentimeter in Richtung Herz geschoben, bis die Spitze im rechten Vorhof zu sehen war – und hat dann davon eine Aufnahme gemacht. Kein Wunder, dass so etwas die Klatschpresse anlockt! Als Professor Sauerbruch in der Charité ankommt, ist sein Ärger noch nicht verflogen. »Mit solchen Kunststücken habilitiert man sich an einem Zirkus, aber nicht an einer anständigen Klinik.« Mit diesen Worten entlässt der Chefarzt den jungen Forßmann fristlos.

Das vernichtende Urteil des obersten Klinikchefs bedeutet das Ende für eine Weiterentwicklung der Herzkatheterung. Werner Forßmann bekommt eine Stellung als Urologe und führt nach dem Zweiten Weltkrieg eine kleine Landpraxis im Schwarzwald. Er hat sich längst damit abgefunden, dass die Herzkatheterung und die großen medizinischen Fortschritte, die er sich damals von seinem Selbstversuch erhoffte, nun endgültig der Vergangenheit angehören. Niemand würde sich wohl jemals noch mal dafür interessieren.

Doch es sollte anders kommen: Am 18. Oktober 1956, 27 Jahre nach der verhängnisvollen Mittagspause, erreicht Werner Forßmann die Nachricht, dass ihm der Nobelpreis verliehen werden soll. Die amerikanischen Mediziner André Cournand und Dickinson Richards sind bei ihren Forschungen auf Forßmanns Versuchsbeschreibung gestoßen – die sie erheblich weitergebracht hat.

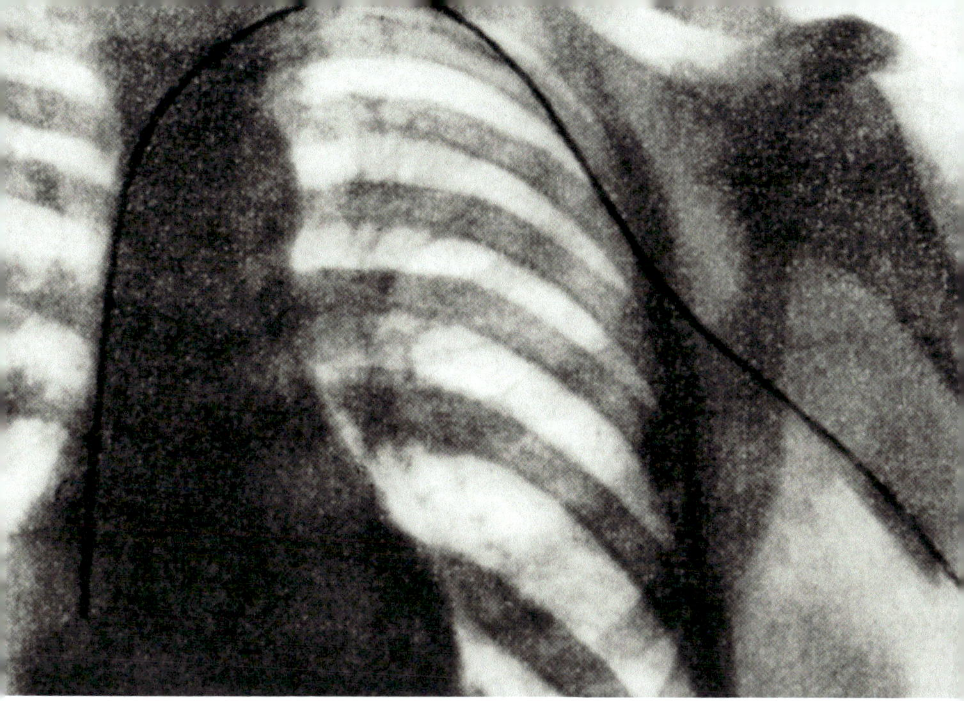

Adresse Charitéplatz 1, 10117 Berlin-Mitte | **ÖPNV** S5, S7, S75, U55, Haltestelle Hauptbahnhof; Bus TXL, Haltestelle Karlplatz; Bus 147, Haltestelle Schumannstraße | **Und heute** Mit 4.700 Geburten pro Jahr, 7.000 Operationen monatlich und 700 Transplantationen jährlich ist die Charité eine der größten Kliniken Europas.

21 Der Checkpoint Charlie

Beruf: Mauerspecht

Endlich wird Alwin Nachtweh klar, warum er es so lange in Berlin ausgehalten hat. Denn jetzt, da ist sich der gelernte Schneider sicher, ist seine große Stunde gekommen. Es ist das Jahr 1990, die Mauer ist gefallen, und die meisten Westberliner sehen den Ostdeutschen dabei zu, wie sie in den Westen rübermachen. Doch Alwin Nachtweh sieht noch mehr: Er ahnt, dass mit der Mauer ein Jahrhundertbauwerk verschwinden wird. Und das soll seine Chance werden: Er beginnt, Stücke aus der Betonwand herauszuschlagen. Das ist nicht einfach. Die ersten Hammer und Meißel brechen ihm einfach entzwei, so hart ist der Stahlbeton. Doch nach und nach wird er zum Profi. Bald gelingt es Alwin Nachtweh sogar, ganze Bilder aus der Mauer zu retten. Seine Schneiderwerkstatt wird zum Mauerlager. Und er arbeitet hart. Ein halbes Jahr lang Tag für Tag. Nachtwehs Hände und Finger sind blutig, die Schmerzen manchmal kaum zu ertragen.

Und dann ist die Knochenarbeit irgendwann vorbei. Alwin Nachtweh besorgt sich eine Uniform der DDR-Grenzsoldaten und einen Klapptisch – und stellt sich am Checkpoint Charlie auf, um die Ernte seiner Schufterei zu verkaufen. Das Geschäft läuft gut. Noch Jahre später wollen die Menschen ein Stück Berliner Beton als Souvenir mit nach Hause nehmen.

Doch es gibt etwas, das Alwin Nachtweh maßlos ärgert. Er ist nicht der Einzige, der Mauerstücke auf einem Verkaufstisch ausbreitet. Und viele von den anderen Verkäufern haben sich nicht die Hände blutig gehauen wie er, sie malen irgendwelche Betonbrocken an – und verkaufen sie als Berliner Mauer. Natürlich viel billiger als Alwin Nachtweh. Doch dieser hat sich eine Mappe zurechtgelegt mit Fotos, die in Klarsichthüllen stecken – und auf denen er selbst zu sehen ist als Mauerspecht. Den Touristen zeigt er die Bilder, die beweisen, dass seine Stücke Originale sind und die Farbe auf ihnen echte Vor-Mauerfall-Farbe.

Adresse Friedrichstraße 43–45, 10969 Berlin-Kreuzberg | ÖPNV U6, Haltestelle Kochstraße; Bus M29, Haltestelle Wilhelmstraße/Kochstraße | Und heute Das Mauermuseum ist ein Muss, aber der Mauer-Guide (Ausgabe auch am Checkpoint Charlie) erzählt einem die Mauer-Geschichten an Ort und Stelle. Tipp: Man kann den Guide auch zusammen mit einem Fahrrad mieten!

22 Der Circus Busch

Der rettende Unfall

Der Name Busch steht für Sensation. Ob Todessprünge, das erste boxende Känguru oder Elefanten, die auf einer breiten Wasserrutsche in ein riesengroßes Bassin schliddern – es gibt für Zirkusdirektor Paul Busch nichts, was zu außergewöhnlich ist für seine Manege in Berlin. Ein immer neues und größeres Spektakel muss her, um die mehr als 4.000 Zuschauerplätze in dem Kuppelbau mit den vier Türmen zu füllen.

Nach dem Ersten Weltkrieg steigt seine Tochter Paula Busch mit ein in das Geschäft, sie schreibt Pantomimenstücke, tritt selbst auf und leitet schließlich ab 1927 den Zirkus ihrer Familie allein. Doch inzwischen steckt das Unternehmen in großen finanziellen Schwierigkeiten. Es wird immer schwerer, sich gegen die vielen neuen Theater, Varietés und Kinos in der Stadt zu behaupten. Eine neue Attraktion muss her! 1928 wagt Paula Busch dann selbst das noch nie Dagewesene: eine Dressurnummer im Löwenkäfig.

Auf ihrem Perserhengst Sultan reitet sie in die Manege. Es ist wahrscheinlich in der langen Geschichte des Hauses Busch noch nie so still gewesen in den Publikumsreihen während einer Nummer. Und dann halten alle 4.000 Menschen unter der Kuppel den Atem an: Löwin Ramona setzt von hinten zum Sprung an, Paula Busch ist das passiert, was einer Dompteuse niemals geschehen darf: Sie hat eines der Raubtiere aus den Augen verloren. Doch ihr Pferd Sultan bemerkt die Bewegung hinter sich und geht – für ein dressiertes Zirkuspferd eine leichte Übung – in Sekundenschnelle in die Knie. Als Pferd und Reiterin so ganz plötzlich aus dem Blick verschwinden, ist Löwin Ramona so verwirrt, dass sie wieder auf ihren gewohnten Platz trottet und Paula Busch gehorcht.

Das Publikum ist begeistert. Für den nächsten Monat sind alle Vorstellungen restlos ausverkauft – und der Circus Busch, der kurz vor dem Ruin stand, ist mit all seinen Tieren und Künstlern erst mal gerettet.

Adresse James-Simon-Park, 10178 Berlin-Mitte | **ÖPNV** S5, S7, S75, Haltestelle Hackescher Markt; Tram M4, M5, M6, Bus M48, TXL, 100, 200, Haltestelle Spandauer Straße/Marienkirche | **Und heute** Eine Wiese am Spreeufer mit Blick auf die Museumsinsel. Die Sightseeing-Dampfer kreuzen hier im Minutentakt, und diejenigen, die gerade eine Pause von der Stadt machen, setzen sich ins Gras.

23 Das Continental-Film-Atelier

Seedrama in drei Akten – der erste Titanic-Film

»Noch mehr Feuer! Der andere Kessel muss auch explodieren! Lasst die Menschen ersaufen! Mehr Wasser!« Es ist Mai 1912, mehrere Männer fluten den Hinterhof in der Chausseestraße mit Wasser aus hölzernen Fässern, der 24-jährige Regisseur Mime Misu gibt weitere Anweisungen. Für die nächste Szene muss die Kippbühne wieder aufgebaut werden. Misu arbeitet fieberhaft – er möchte der Erste sein, der das Unglück, das die Welt erschütterte, auf die Leinwand bringt.

Bereits zwei Wochen nachdem der Luxusdampfer mit einem Eisberg kollidierte, gibt die Continental-Kunstfilm GmbH bekannt, dass der Film »In Nacht und Eis. Der Untergang der Titanic« noch in diesem Sommer in die Kinos kommen werde.

Und die Zutaten stimmen, um dem Zuschauer die wahren Schrecken der Katastrophe vor Augen zu führen. Der Stummfilm gibt sich dokumentarisch, um den Zuschauern das Schicksal von Besatzung und Passagieren möglichst ungeschminkt nahezubringen: »4. Bild: Dienst in der Station für drahtlose Telegrafie. Der zweite Telegrafist, welcher gerettet wurde, bei der Arbeit.« Oder: »5. Bild: Der erste Telegrafist, welcher sich aufopferte und heldenhaft mit dem Schiff unterging, lässt sich Bericht erstatten.« Die Szenen zeigen das schwankende Schiffsinnere, nachgestellt auf der Kippbühne im Hinterhof, und selbst die Bilder vom Schiffsuntergang, gedreht auf dem Krüpelsee bei Königs Wusterhausen, wirken realistisch. Bei der Erstaufführung am 17. August 1912 verwischt die Grenze zwischen Wahrheit und Dichtung dann noch mehr: Der Pianist fordert das Publikum auf, zu den Bildern des Untergangs mitzusingen – und zwar den Choral »Näher, mein Gott, zu Dir«, den die Bordkapelle gespielt haben soll, als das Schiff gesunken ist.

Nach 86 Jahren wurde eine Kopie des verschollen geglaubten allerersten Titanic-Films bei einem Sammler wiedergefunden.

Bild Szene aus dem Film »In Nacht und Eis« | **Adresse** Chausseestraße 123, 10115 Berlin-Mitte | **ÖPNV** S1, S2, S25, Haltestelle Nordbahnhof; U6, Haltestelle Naturkundemuseum; Tram M6, M8, 12, Bus 245, Haltestelle U Naturkundemuseum; Bus 120, 123, 147, 240, 247, Haltestelle Invalidenpark | **Und heute** Die Hinterhöfe sind mit blau-weiß glasierten Steinen und vielen stilvollen Details sehr hübsch restauriert.

24 Die Dankeskirche

Zwei Attentate auf den Kaiser

Als Wilhelm I. und seine Tochter am frühen Nachmittag des 11. Mai 1878 nach einer Spazierfahrt die Allee »Unter den Linden« entlang- kommen, wird auf die kaiserliche Kutsche geschossen. Die Revolverschüsse feuern ins Leere, das Attentat missglückt.«Gelten diese Schüsse mir?«, fragt der Kaiser und erhebt sich im Wagen. Der Täter kann gefasst werden. Kaum haben sich alle von dem Schrecken erholt, fallen drei Wochen später erneut Schüsse, wieder »Unter den Linden« und wieder auf die kaiserliche Kutsche. Dieses Mal wird Wilhelm I. von einigen Schrotkörnern getroffen und verletzt. Der Attentäter ist ein stellungsloser Akademiker und heißt Karl Eduard Nobiling. Die beiden Anschläge zeigen ungemeine Wirkung: Nicht nur das Ansehen des Kaisers im Volk wird gestärkt – auch der geschwächte Wilhelm scheint zu ganz neuen Kräften zu erwachen.

Theodor Fontane reimt ein kleines Gedicht nach dem Attentat:

»Das war nicht nobel, Nobiling!
Du nahmst die Sache zu gering.
Man schießt mit ein paar Körnern Schrot
Nicht einen deutschen Kaiser tot!«

Die Presse und der Ministerpräsident Otto von Bismarck nutzen die Stimmung im Land aus – und behaupten, ohne es beweisen zu können, dass die Attentäter mit größter Wahrscheinlichkeit Sozialisten seien. Die beiden werden hingerichtet – und ein neues Gesetz verabschiedet. Das »Sozialistengesetz« verbietet jede Versammlung und Vereinigung, »die durch sozialdemokratische und kommunistische Bestrebungen den Umsturz der bestehenden Staats- oder Gesellschaftsordnung bezweckt«.

Aus Dank für den glimpflichen Ausgang der Anschläge aber gibt der Kaiser eine Kirche in Auftrag: Architekt August Orth erbaut ein Gotteshaus mit hohem Turm, der schon von Weitem zu sehen ist. Sie soll Dankeskirche heißen. Der Standort ist nicht zufällig: ein Denk- mal für Kaisertreue mitten im damals schon roten Wedding.

Adresse Reinickendorfer Straße 6, 13347 Berlin-Wedding | **ÖPNV** S41, S42, Haltestelle Wedding; U6, Haltestelle Reinickendorfer Straße; Bus M27, 120, Haltestelle U Reinickendorfer Straße | **Und heute** 1972 wird die im Krieg zerstörte Kirche von Fritz Bornemann neu gebaut. Die Evangelische Jugendkirche organisiert hier Lesungen, Konzerte und Diskussionen.

25 Der Deutsche Freiheitssender 904

»Nachricht an Kalenderblatt: Es ist nicht alle Tage Sonntag.«

Als am 17. August 1956 das Bundesverfassungsgericht die KPD für verfassungswidrig erklärt, hat auf der anderen Seite der deutschen Grenze jemand eine Idee – und noch am selben Abend taucht wie aus dem Nichts ein neuer Sender im westdeutschen Äther auf, der sich als Geheimsender der KPD für Westdeutschland ausgibt. Doch hinter dem angeblichen Untergrund-Radio verbirgt sich eine der größten Propagandaaktionen der DDR-Regierung. »Hier ist der Deutsche Freiheitssender 904! Der einzige Sender der Bundesrepublik, der nicht unter Regierungskontrolle steht!« – Mit diesen Worten beginnt das tägliche zweistündige Programm mit viel Schlagermusik und einigen festen Sendeformaten. Die Nachrichten handeln meistens von vermeintlichen Enthüllungen, die wieder einmal beweisen, dass die Bundesrepublik in einer schweren wirtschaftlichen Krise steckt und sich von früheren Nationalsozialisten kontrollieren lässt. Weitaus wichtiger als die politischen Inhalte scheint aber die Glaubwürdigkeit als Guerillasender zu sein: So wird dem Programm ein andauernder Brummton unterlegt, um zu zeigen, wie schwer es dem Freiheitssender von der Bundesregierung gemacht wird. Vor allem aber die sogenannten Eidechsen sollen den Eindruck vermitteln, dass geheime Spionagenachrichten übermittelt werden. Gemeint sind die vermeintlichen Agentendurchsagen, die, wie sich später herausstellt, reines Stilmittel sind: »Nachricht an Kalenderblatt: Es ist nicht alle Tage Sonntag«, heißt es da zum Beispiel oder: »Meerschweinchen: Heute droht der Adler.«

Die DDR lässt sich ihre Anti-BRD-Kampagne ordentlich was kosten: ein Chefredakteur, 22 Mitarbeiter sowie Moderatoren mit westdeutschem Akzent senden 15 Jahre lang ihr Programm über die Grenze in Richtung Bundesrepublik. Immer wieder muss das gesamte Studio umziehen – weil der Sender aufzufliegen droht.

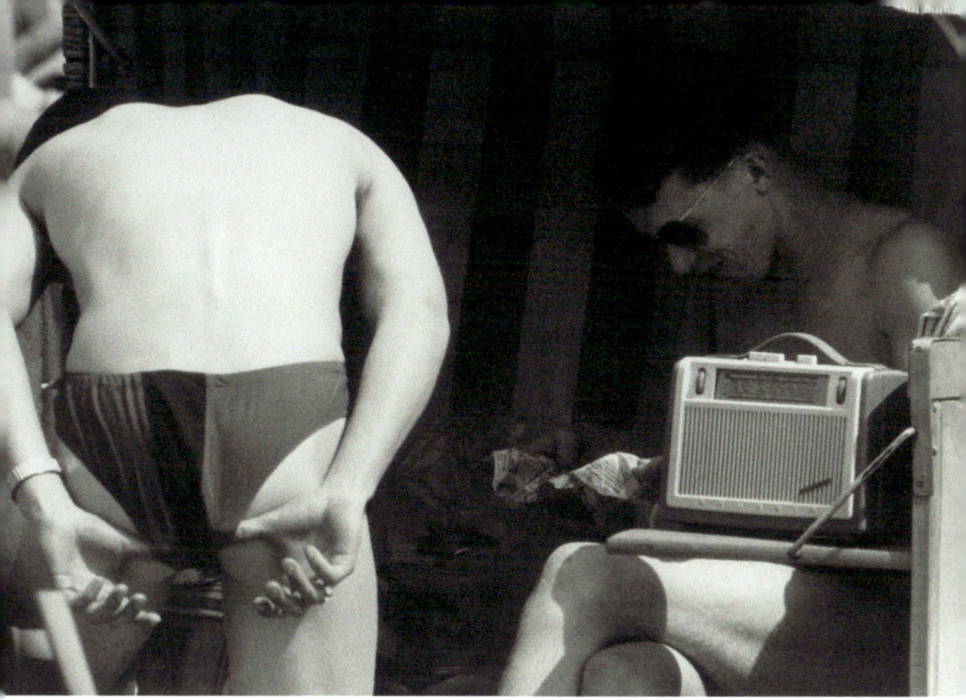

Adresse Regattastraße 277, 12527 Berlin-Köpenick | **ÖPNV** Tram 68, Haltestelle Regattastraße/Sportpromenade | **Und heute** Das wunderschöne Funkhaus Grünau steht immer noch leer und verfällt zusehends. Ideen gibt es zwar viele, doch der Eigentümer setzt auf Spekulation.

26 Die Deutschlandhalle

Sieger nach Punkten

Klaus Kinski möchte, dass in jeder Ecke des Saals eine Kamera aufgestellt wird. »Jesus Christus Erlöser« wird sein wichtigster Vortrag, sagt er – und muss gefilmt werden. Was Klaus Kinski und der Kameramann am 20. November 1972, bevor die 5.000 Zuschauer in die Deutschlandhalle strömen, nicht wissen: Der Abend wird wegen heftiger Tumulte erst viel später als geplant und unter Polizeieinsatz enden. Das vorhandene Filmmaterial wird dafür vorne und hinten nicht reichen.

Das Publikum in der Deutschlandhalle möchte keine Predigt hören, es interessiert sich nicht allzu sehr für Kinskis Jesus-Steckbrief, für seine leidenschaftlich vorgetragenen Anklagen, seinen Zorn über die Ungerechtigkeit. Nein, die Zuschauer möchten lieber ihre eigenen gesellschaftskritischen Ansichten auf die Bühne holen – und diskutieren.

Die ersten Zwischenrufe versucht Klaus Kinski zu ignorieren. Doch dann schäumt die Wut in ihm hoch, und zwar so, dass man dabei zusehen kann: »Wer von euch nicht nur eine große Schnauze hat« – die drei letzten Worte donnert er mit aller Kraft in die Richtung, aus der die Kommentare kommen, und dann weiter: »sondern wirklich ohne Sünde ist, der werfe den ersten Stein.« Klaus Kinski bebt jetzt. Er verlässt die Bühne. Als er zurückkommt, beginnt er ohne weitere Erklärung den Monolog noch einmal von vorn. Aber es bleibt nicht bei dieser einen Unterbrechung. Der Abend ist nicht mehr zu retten.

Oder doch: Als schließlich nach mehrfacher Aufforderung des Veranstalters fast alle gegangen sind – da fängt Klaus Kinski noch ein letztes Mal von vorn an, inzwischen ist es halb zwei Uhr. Geblieben ist eine kleine Gruppe, die sich um ihn schart wie die Jünger einst um Jesus – und Kinski zuhört, bis zum Ende, ohne Unterbrechung. Ein paar wenige Momente können die Kameras noch einfangen, doch dann sind alle Rollen bis auf den letzten Millimeter aufgebraucht.

Adresse Messedamm 26, 14055 Berlin-Charlottenburg | ÖPNV S5, Haltestelle Messe Süd; Bus 349, Haltestelle Jafféstraße | Und heute Die Deutschlandhalle, in der unter anderem Pink Floyd, Johnny Cash, Queen, Joe Cocker und Jimi Hendrix auftraten, wurde 2011 gesprengt. An ihrer Stelle wurde eine Messehalle der Messe Berlin errichtet.

27 Der Döner-Imbiss

Der Siegeszug des Fladenbrots

Als der 16-jährige Mehmet Aygün 1971 nach Berlin kommt, arbeitet er in Kreuzberg in der Imbissbude seines Onkels – und beobachtet die Deutschen beim Essen. Das türkische Gericht »Iskender Kebap« ist nicht nur bei den Landsleuten beliebt: Hammelfleisch mit Reis und Salat. Aber die Deutschen scheinen keine Zeit zu haben für das Essen, das der Onkel auf Tellern serviert – nicht einmal für ein Glas Tee und ein Gespräch bleiben sie stehen, sie eilen weiter, kaum ist der letzte Bissen im Mund. Da packt Mehmet das abgesäbelte Fleisch vom Grillspieß zusammen mit ein bisschen Salat in ein Stück Fladenbrot. Als Kind hat er das einmal in Istanbul gesehen, nur: durchsetzen konnte sich diese Version des Kebaps in der Türkei nie. Aber in Berlin soll sich die Brotvariante zu einem absoluten Renner entwickeln.

Doch nicht über Nacht: Denn die türkischen Gastarbeiter denken Anfang der 1970er Jahre eigentlich nicht darüber nach, sich selbstständig zu machen. Die meisten haben andere Pläne: Sie wollen ein paar Jahre in Deutschland arbeiten – um dann wieder in ihre Heimat zurückzukehren. Und außerdem: Garantierte Tariflöhne, gesetzlich vorgeschriebene Urlaubsansprüche, Krankenkassen – was will man mehr?

Dagegen scheint es bei Weitem weniger reizvoll, sich mit einem Gemüseladen, einem Reisebüro oder einem Imbiss zu verschulden. Aber mit der Wirtschaftskrise 1974 beginnt der allgemeine Wohlstandstraum zu bröckeln – und auch die türkischen Gastarbeiter sehen sich nach neuen Einnahmequellen um. Ab 1973 eröffnet dann in Kreuzberg ein Dönerimbiss nach dem anderen. »Der Döner ist unsere Überlebensstrategie«, sagt ein Betreiber einmal. Es dauert zwar noch, bis sich die »Bulette am Spieß« gegen die Currywurst bei den Berlinern durchsetzt – doch schon bald ist ein ganzer Industriezweig geboren, und Deutschland ist Dönerfleisch-Exporteur Nummer eins in Europa.

Bild Ein Döner-Imbiss in den1980er Jahren | **Adresse** Adalbertstraße 10, 10999 Berlin-Kreuzberg | **ÖPNV** U1, U8, Haltestelle Kottbusser Tor; Bus M29, 140, Haltestelle Adalbertstraße/Oranienstraße | **Und heute** Die Kellner im HASIR servieren gehobene türkische Küche, auch wieder auf Tellern. Das frisch geröstete Fladenbrot gibt es zum Grillteller extra.

28 Der Dustere Keller

Der Schwur des Turnvaters Jahn

In einer tiefen Schlucht in den Tempelhofer Weinbergen nimmt eine geheime Befreiungsbewegung ihren Anfang. In dieser abgelegenen Gegend unter hohen Bäumen trifft sich am Abend des 14. November 1810 in dem sogenannten »Dusteren Keller« eine Gruppe von Männern und schließt einen geheimen Bund: Sie wollen nicht eher ruhen, bis Napoleon aus Berlin vertrieben und das Vaterland wieder frei ist. Die beiden Männer, um die sich die Gruppe in der finsteren Klamm schart, heißen Friedrich Ludwig Jahn und Friedrich Friesen. Der Patriotismus ist eine gefährliche Sache in diesen Jahren, aber der Groll auf die Besatzer wird immer größer. Friedrich Ludwig Jahn ist alles Französische, allem voran die französische Sprache, derart verhasst, dass man ihn sagen hört: »Wenn ein Vater seine Töchter Französisch lernen lässt, dann ist das ebenso gut, als wenn er sie die Hurerei lernen lässt.«

Gymnasiallehrer Jahn findet dann auch einen Weg, sich und seine Anhänger auf den Befreiungskampf gegen Napoleon vorzubereiten. Sie ziehen gemeinsam hinaus in die Hasenheide und machen dort befremdliche und, wie es scheint, ganz und gar sinnlose Dinge: Bewegungen im Freien. Zu Beginn legt Jahn Baumstämme auf den Boden, später kommen Barren und hölzerne Pferde hinzu. Die ersten Geräte zur Leibesertüchtigung werden immer beliebter, man nennt diese Tätigkeit schon bald »Turnen«. Für Jahn und seine Anhänger sind die Treffen aber vor allem eins: die Möglichkeit für eine »patriotische Erziehung«. Und noch ein revolutionärer Gedanke kommt hinzu: Mitglieder aus allen Schichten dürfen beim Turnen teilnehmen – beim Sport soll nichts an den Stand, das Vermögen oder die Religion des Einzelnen erinnern.

Der »Dustere Keller« vor dem Halleschen Tor aber ist seit dem Schwur des Turnvaters Jahn ein bekannter Ort für geheime politische Zusammentreffen; auch im Revolutionsjahr 1848 sollen noch einige konspirative Treffen in der Klamm abgehalten worden sein.

Adresse Nostitzstraße/Arndtstraße, 10965 Berlin-Kreuzberg | ÖPNV U7, Haltestelle Gneisenaustraße; Bus 248, Haltestelle Marheinekeplatz | Und heute Nur noch eine leichte Senke in der Kopfsteinpflasterstraße zeigt, wo sich die Schlucht befand. Tipp: der Markt auf dem Chamissoplatz jeden Samstag.

29_Die Ehrenpforte

Luise erobert die Herzen

Schon früh am Morgen des 22. Dezember 1793 sind die Berliner auf den Beinen, um Blumenkränze zu binden, Häuser und Plätze zu schmücken – und sich einen guten Platz zu sichern. Es ist der Tag, an dem die zukünftige Kronprinzessin Luise in die Hauptstadt einzieht. Einige Häuser entlang des Triumphzuges werden an diesem trüben Wintermorgen sogar abgedeckt, um vom Dach aus die königliche Kutsche schon von Weitem sehen zu können.

Als Luise dann gemeinsam mit ihrer Schwester gegen Mittag Berlin erreicht, erleben die Berliner zum ersten Mal, was ihnen schon angekündigt worden ist: Ihre zukünftige Königin ist wunderschön und wendet sich mit einer innigen, ganz und gar standesunüblichen Herzlichkeit an die Bevölkerung. Der königliche Wagen nähert sich der großen Ehrenpforte »Unter den Linden«, einem über und über mit Blumen geschmückten Portal mit laubverzierten Säulen und Gemälden. Bei der Pforte warten schon die Blumenmädchen, um ihre selbst gesteckten Sträuße mit den Gedichtbändern zu überreichen. Luise ist so gerührt von den Mädchen, dass sie nicht anders kann: Sie beugt sich runter, hebt ein Mädchen hoch und küsst es auf die Stirn. Preußens zukünftige Königin küsst ein Mädchen aus dem Volk! Das ist niemandem entgangen. Diese offensichtliche Übertretung der Etikette ist für die Mitglieder am Hof ein regelrechter Schock. Doch was im Schloss zum Skandal wird, entzückt die Berliner ohne Maßen: Luise macht keine Unterschiede, Luise wird IHRE Königin.

Es soll nicht das letzte Mal gewesen sein, dass Luise sich über die preußische Etikette hinwegsetzt, um Platz für das Menschliche zu schaffen. So werden Luise und Friedrich Wilhelm entgegen allen Konventionen nach der Hochzeit das »Sie« ablegen und sich auf öffentlichen Zeremonien und vor allen Leuten duzen. Luise bricht mit den Tabus, wenn es darum geht, sich für ihren Mann, ihre Kinder und ihr Land einzusetzen.

Adresse Unter den Linden 6–8, 10117 Berlin-Mitte | **ÖPNV** S1, S2, S25, Haltestelle Friedrichstraße; U6, Haltestelle Französische Straße; Bus TXL, 100, 200, 147, Haltestelle Unter den Linden/Friedrichstraße | **Und heute** Das Palais des Prinzen Heinrich ist heute das Hauptgebäude der Humboldt-Universität. An den Bücherständen vor dem Eingang kann man so manchen Schatz aufstöbern.

30 Der Eimer

Halblegal bis illegal

Das erste Jahr nach der Wende: Die unzähligen leeren Wohnungen in dem ausgewiesenen Abrissgebiet zwischen Friedrichstraße und Torstraße werden nach und nach wieder bezogen, sie werden besetzt. Und als die Betriebe und Fabriken in den Ostberliner Hinterhöfen und an der Spree schließen müssen, ziehen die neuen Bewohner von Mitte los und organisieren Partys. Der Soundtrack für diesen Ausnahmezustand schlägt ein wie eine Wucht: Techno. Von einem Tag auf den anderen ist Westberlin nicht mehr angesagt, in Ostberlin hingegen alles möglich: Partys in Fabrikkellern, Ausstellungen in Hinterhofgaragen, Abendessen auf Dächern – nur für einen Abend, nur für den Moment.

Im Januar 1990 trifft sich eine Gruppe von Künstlern aus West- und Ostberlin vor dem frei stehenden Haus in der Rosenthaler Straße. Sie haben herausgefunden, dass es in dem Bebauungsplan von Mitte nicht mehr eingetragen ist. Es existiert also offiziell gar nicht. Das Haus ist eine Ruine.

Über ein Jahr werden sie brauchen, den Schutt aus den Stockwerken zu räumen. Eimerweise. So kommt das Haus dann auch zu seinem Namen. Da der Fußboden im Erdgeschoss einzubrechen droht, reißt ihn das Club-Kollektiv kurzerhand raus. Einen neuen Boden wird es im Eimer nie geben, es geht auch ohne. Im Keller finden Punkkonzerte und Technopartys statt. Von offizieller Seite werden die Partys als »halblegal bis illegal« geduldet.

Zu den Besetzern des Eimers gehören auch die drei Ostberliner Punkbands Freygang, Ichfunktion und Die Firma. Die Partys im Eimer gefallen ihnen irgendwann nicht mehr. Als irgendjemand Zigarettenautomaten neben der Bar anbringen lässt, Spielautomaten installiert und einen Billardtisch besorgt, werfen die Punks diese Neuanschaffungen aus dem Fenster. Nur der Billardtisch passt nicht durch. Später ziehen sie weiter in ein neues Haus, das sie Tacheles nennen werden.

Adresse Rosenthaler Straße 68, 10119 Berlin-Mitte | **ÖPNV** U8, Haltestelle Rosenthaler Platz; Tram M1, M8, Haltestelle U Rosenthaler Platz; Bus 142, Haltestelle U Rosenthaler Platz | **Und heute** Der Eimer wurde 2003 als eines der letzten Häuser von Mitte geräumt. Das sanierte Haus steht inzwischen auch nicht mehr allein.

31 Der Eiskeller

Das bestbewachte Gebiet von Deutschland

Der zwölfjährige Erwin S. muss jeden Tag mit dem Fahrrad einen vier Meter breiten und 800 Meter langen eingezäunten Korridor vom Haus seiner Eltern bis nach Spandau in die Schule fahren. Er wohnt im Eiskeller, einem Gebiet im Spandauer Forst, das nach dem Mauerbau von DDR-Gebiet fast völlig umgeben und nur über einen schmalen Streifen mit Westberlin verbunden ist. Außer Erwin und seinen Eltern leben noch zwei weitere Familien hier, umgeben von Wald, Mauer und Stacheldraht.

Eines Nachmittags im Jahr 1961 erzählt Erwin zu Hause, dass DDR-Grenzpolizisten ihn auf dem Schulweg auf seinem Fahrrad angehalten und mehrere Stunden festgehalten haben. Doch was er damit auslöst, hätte er sich in seinen kühnsten Träumen nicht ausmalen können: Von da an werden die Kinder aus dem Eiskeller nämlich jeden Morgen in die Schule gebracht: von einem britischen Panzerspähwagen. Erwin S. traut sich erst Jahrzehnte später zuzugeben, dass die Geschichte mit den DDR-Grenzern glatt gelogen war – und er nur die Schule geschwänzt hatte.

Der Eiskeller ist nicht das einzige eingeschlossene Gebiet im Spandauer Forst. Hier im Nordwesten der Stadt wimmelt es geradezu von DDR-Exklaven auf Westberliner Gebiet und umgekehrt. Und weil es lange Zeit unklar bleibt, was mit diesen zerstreuten Gebieten geschieht, bleiben die Häuser im Eiskeller auch noch bis 1978 ohne Stromanschluss. 1988 findet dann der große Gebietstausch statt, der Eiskeller bleibt Westen, der Korridor wird mit dem Erwerb der Ost-Enklave Kienhorst wesentlich verbreitert. Dadurch verschwindet so manche Skurrilität: So konnte man die Westberliner Exklave Fichtewiese zwar zu Fuß erreichen, musste dafür zuvor aber an der Mauer klingeln. Gehörte man zu dem Naherholungsverein »Sport- und Wochenendgemeinschaft 1921 e.V.«, durfte man durch die Pforte in der Mauer – und zu seiner Laube auf der anderen Seite der Mauer, wo auch Westen war.

Adresse Eiskellerweg, 13587 Berlin-Spandau | **ÖPNV** Bus 652, Haltestelle Falkensee Brahmsallee; Bus 651, 671, Haltestelle Schönwalde Eichenallee oder Steinerne Brücke – jeweils circa 1 Kilometer Fußweg | **Und heute** Eine verschlafene Waldsiedlung mit einigen Häusern, keine angelegten Straßen. Einen Grenzbetrieb kann man sich hier beim besten Willen nicht mehr vorstellen.

32 Das Excelsior

Max-Schmeling-Day in Nevada

Am 9. November 1938 wird im Laufe des Vormittags eine Notiz am Empfang des Hotels Excelsior hinterlegt: Hotelgast Schmeling ist krank und möchte nicht gestört werden. Es ist der Tag vor der Reichskristallnacht, die Gestapo zieht durch die Stadt, zerstört Synagogen, ermordet hunderte jüdische Bewohner und nimmt tausende in Konzentrationslagern fest.

David Lewin ist Herrenausstatter und Jude, und er sieht nur eine Möglichkeit, seine beiden Söhne vor den Übergriffen zu retten: Er weiß, dass Max Schmeling in der Stadt ist, da dieser jedes Mal, wenn er in Berlin ist, bei ihm einen Anzug, ein Hemd oder eine Hose bestellt. Lewin ruft im Hotel Excelsior an und lässt sich verbinden. Er bittet den Box-Weltmeister, sich Henri und Werner, 15 und 16 Jahre alt, anzunehmen. Ohne nachzudenken, sagt Max Schmeling: »Bring sie vorbei.« Und so kommt es, dass die Suite mit den zwei Schlafzimmern nun für das Personal des Hotels tabu ist und Max Schmeling nur hin und wieder am Büfett gesehen wird, von wo er sich Essen mit in sein Zimmer hinaufnimmt. Die beiden Jungen können ihr Glück nicht fassen: Zwei Tage lang wohnen sie mit dem Champion in dem größten Luxushotel und dürfen so viel Limonade trinken, wie sie möchten. Am dritten Tag bringt Max Schmeling die Lewin-Söhne zu einem verabredeten Treffpunkt: Der Vater konnte alle seine Ersparnisse gegen Schiffskarten eintauschen. Die Familie kann über Shanghai nach San Francisco fliehen.

Nach dem Krieg nehmen die beiden Brüder mit ihrem Lebensretter Kontakt auf, um sich zu bedanken. Aber Max Schmeling möchte nichts davon wissen, ja, er möchte nicht einmal, dass sie jemandem davon erzählen. Erst 51 Jahre später werden sie ihn überreden können, als Ehrengast nach Las Vegas zu reisen. Die Überraschung für ihren Retter: Die Lewins haben den Staat Nevada davon überzeugt, den 6. Dezember offiziell als Max-Schmeling-Day zu deklarieren.

Adresse Anhalter Straße 6, 10963 Berlin-Kreuzberg | ÖPNV S1, S2, S25, Haltestelle Anhalter Bahnhof; Bus M29, M41, Haltestelle S Anhalter Bahnhof | Und heute Das Hotel steht nicht mehr und der Anhalter Bahnhof nur noch als Ruine. In dem 17-stöckigen Neubau hat man oben im Restaurant-Club »Solar« einen beeindruckenden Ausblick.

33 Das Feldschlösschen

Die lebenden Bilder

Gastwirt Sello kennt die beiden Skladanowsky-Brüder aus der Berliner Straße, seit sie klein sind. Sein Biergarten »Feldschlösschen« ist schließlich der Treffpunkt für die ganze Nachbarschaft. Und 1895 ist er auch einer der Ersten, dem Max und Emil Skladanowsky ihre neueste Erfindung vorführen. Zu sehen ist ein Foto von Emil, der auf einer Dachterrasse steht. Doch dann beginnt das Bild zu leben: Emil hebt ein Bein in die Luft und winkt mit seinem Hut über dem Kopf.

Sello ist begeistert. Er bittet die beiden Brüder, in seiner Gaststätte ihr selbst gebautes »Bioskop« vorzuführen. Die Nachbarn strömen zusammen, alle sind entzückt von den kurzen klamaukigen Filmchen, die, nach dem Daumenkino-Prinzip aus vielen einzelne Bildern zusammengesetzt, lebendig aus dem Projektionsapparat herauskommen. An den Ruhetagen erlaubt Sello den Skladanowskys in den Räumen seines Wirtshauses ihre Doppelprojektionen weiter zu verfeinern. Dann stellt er ein Schild vor die Tür mit der Aufschrift: »Heute wegen Filmaufnahmen geschlossen.«

Die Nachricht von der bahnbrechenden Erfindung hat sich herumgesprochen in der Stadt. Die Brüder richten eine Freilichtbühne im Biergarten ein – und die Artisten aus der Stadt stehen Schlange, um sich von der Kamera aufnehmen zu lassen. Die Vorführungen der kleinen Filmchen bekommen Volksfestcharakter.

Auch die beiden Direktoren des Wintergarten-Varietés, Julius Baron und Franz Dorn, reisen in der Droschke erster Klasse nach Pankow hinaus, um sich die Erfindung anzusehen. Heimlich und unangemeldet. Und die Reise scheint sich gelohnt zu haben: Die Skladanowsky-Brüder werden im Herbst 1895 auf den Wintergarten-Plakaten angekündigt mit ihrer »interessantesten Erfindung der Neuzeit« – und die 15-minütige Nummer wird dem Varieté-Theater am Bahnhof Friedrichstraße einen Monat lang ein ausverkauftes Haus bescheren. Publikumsliebling Nummer eins ist das »Boxende Känguruh«.

Adresse Berliner Straße 27, 13189 Berlin-Pankow | ÖPNV Tram M2, Haltestelle Berliner Straße/Wiesenstraße; Bus 158, Haltestelle Berliner Straße/Wiesenstraße | Und heute Aus dem Feldschlösschen wurde das Kino Tivoli. Dieses wurde 1994 abgerissen, und Lidl setzte einen Container in die Baulücke. Aber auf dem Gehweg erinnert ein Mosaik an das erste Bioskop.

34 Das Französische Komödienhaus

Der Komponist und der König

Alle Freunde in Wien haben ihm zu der Reise geraten. Schließlich sei der preußische König Friedrich Wilhelm II. dafür bekannt, dass er ein Musikliebhaber ist. Und Wolfgang Amadeus Mozart, das wissen die Freunde, hat Geldsorgen und kann jeden Auftrag gebrauchen. Also fährt Mozart nach Berlin und sieht, kaum auf dem großen Platz aus der Kutsche gestiegen, dass am gleichen Abend, am 19. Mai 1789, im Französischen Komödienhaus sein neuestes Singspiel »Die Entführung aus dem Serail« aufgeführt werden soll. Und obwohl er noch in Reisegarderobe ist und bei Weitem nicht die passende Kleidung für einen Opernbesuch trägt, möchte sich der 33-Jährige dies nicht entgehen lassen.

Schon früh betritt er den Konzertsaal und setzt sich in eine Ecke, um unerkannt zu bleiben. Die Aufführung fängt an, und Mozart ist entzückt, sein Werk in solch prächtigem Haus zu erleben. Doch dann beginnt der Ärger in ihm aufzusteigen: Immer wieder stimmen die Tempi bei den Musikern nicht, und der ein oder andere auf der Bühne erfindet gar eigene gesungene Schnörkeleien dazu, die Mozart völlig unpassend erscheinen. Und dann, als die zweiten Geiger sich wiederholt vergreifen, platzt ihm der Kragen, und er ruft laut aus: »Verflucht – wollt's ihr D greifen!« Zuschauer und Musiker erkennen jetzt unschwer den Komponisten – und der Dirigent des Königlichen Orchesters bittet Wolfgang Amadeus Mozart auf die Bühne.

Am nächsten Abend bleibt kein Platz frei in den Zuschauerreihen des Königlichen Nationaltheaters, denn es hat sich herumgesprochen, dass Mozart persönlich die Aufführung dirigieren wird – und der König selbst das Cello im Orchester spielt.

Die beiden scheinen sich bestens zu verstehen, sie spielen zusammen ein Quartett, und Friedrich Wilhelm II. gibt sechs Klaviersonaten und sechs Streichquartette bei Mozart in Auftrag.

Adresse Gendarmenmarkt, 10117 Berlin-Mitte | ÖPNV U2, Haltestelle Hausvogteiplatz; U6, Haltestelle Stadtmitte; Bus M48, 265, Haltestelle U Stadtmitte/Leipziger Straße; Bus 147, Haltestelle U Französische Straße | Und heute Das alte Nationaltheater brannte 1817 ab und wurde von Karl Friedrich Schinkel neu erbaut. Heute holt das Konzerthaus Mozart wieder zurück an diesen Ort, zum Beispiel mit den regelmäßigen Mozart-Matineen.

35 Die Freie Bühne

Das Schnaps- und Zangenstück

Der Skandal ist vorprogrammiert. Schon seit Wochen ist das Theaterstück von einem gewissen Hauptmann das Stadtgespräch Nummer eins. »Das musst du gelesen haben«, heißt es im Sommer 1889. »Goethe und Schiller werden Scheißkerle genannt, und mehrmals kommt das Wort Dreck vor!« Das Stück »Vor Sonnenaufgang« von Gerhart Hauptmann gleicht einem Paukenschlag, der die bürgerliche Theaterwelt erzittern lässt, und das, noch bevor es auf die Bühne kommt.

Die »Freie Bühne«, die sich im Frühling desselben Jahres als Verein gegründet hat, um die staatliche Zensur zu umgehen, setzt das Drama auf den Spielplan, das keinen Abgrund auslässt und die Realität als einen einzigen Sumpf aus Trunkenheit und Wollust darstellt. Die Premiere rückt näher, Drohbriefe an Schauspieler lassen Schlimmes befürchten – sodass die Regie noch in letzter Minute die ein oder andere Stelle im Stück entschärft.

Die Uraufführung am 20. Oktober 1889 um 12 Uhr mittags führt zu einer wahren Theaterschlacht. Aber zuerst einmal hält sie eine Überraschung parat, etwas, das noch nie da gewesen ist: Auf der Bühne erscheinen Bauern und Grubenarbeiter, die in breitestem Dialekt sprechen! Der Tumult im Publikum artet aus. Ein Zuschauer schreibt später: »Von Akt zu Akt wuchs der Lärm. Schließlich lachte und jubelte, höhnte und trampelte man mitten in die Unterhaltung der Schauspieler hinein.«

Als im vierten Akt bei einer Frau die Wehen einsetzen, stürzt ein gewisser Dr. Isidor Kastan nach vorn und schwenkt eine Geburtszange, die er auf die Bühne schmeißt. Als wäre dies das Zeichen, auf das alle gewartet haben, springt das Publikum auf: Die einen wollen den bornierten Arzt rausschmeißen, andere nehmen ihn in Schutz. Das Stück kann nur mit Mühe zu Ende gebracht werden. Seit diesem Abend hat Hauptmanns Bühnenerstling auch einen Untertitel: Das Schnaps- und Zangenstück.

[illegible]" anlässlich der Uraufführung von "Vor Sonnenaufgang" von Gerhart Hauptmann in Berlin 1889

Adresse Kapelle-Ufer/Unterbaumstraße, 10117 Berlin-Mitte | **ÖPNV** S5, S7, S75, U55, Haltestelle Hauptbahnhof; Bus TXL, Haltestelle Karlplatz; Bus 147, Haltestelle Schumannstraße | **Und heute** Hier am Spreeufer geben die klaren Formen den Ton an, viel Glas und Beton ringsherum – auf der anderen Seite liegt das Regierungsviertel.

36 Der Geisterbahnhof

Das Krähennest über der Brücke

Das Licht wird heller, der Zug bremst. Aber anstatt am Bahnhof zu halten, fährt die U-Bahn weiter, wieder hinein in den schwarzen Tunnel. Es bleibt genügend Zeit, um im Halbdunkel den verlassenen Bahnsteig zu erkennen, die zugemauerten Kioskfenster, die Treppenaufgänge, die gegen eine Wand führen. Undeutlich wie graue Schatten stehen die Grenzposten auf dem Bahnsteig. Im Westberliner Streckennetz sind die Bahnhöfe Potsdamer Platz, Unter den Linden, Oranienburger Straße und einige andere als »Bahnhöfe, an denen die Züge nicht halten« gekennzeichnet – auf Ostberlins Streckenplänen sind sie gar nicht erst dargestellt. Am Nordbahnhof haben DDR-Grenzsoldaten einen Gleisplan an die Wand gemalt. Anstelle der Zielbahnhöfe stehen dort die Richtungen »feindwärts« und »freundwärts«.

Auch der Eingang zum S-Bahnhof Bornholmer Straße auf der Bösebrücke wird 1961 geschlossen: Die Grenze verläuft unter der Brücke, mitten über den Bahnsteig. Eine Mauer wird über den Bahnhof gebaut, die weißen Bahnhofslampen bleiben stehen. Wahrscheinlich leuchten sie nun nicht mehr – oder ihr Schein wird jetzt von der viel grelleren Grenzbeleuchtung geschluckt. Der westliche Zugverkehr Richtung Norden fährt weiterhin über das Gleis am Bahnsteig A, ohne dass die Züge hier halten.

Auf der Ostseite aber wird – aus Angst vor Fluchtversuchen – eine neue Trasse gebaut, die den Bahnverkehr in sicherer Entfernung am Grenz- und Geisterbahnhof »Bornholmer Straße« vorbeileitet, die sogenannte »Ulbrichtkurve«. Die Anweisungen für diesen Streckenabschnitt sind streng: Keine Dampfloks dürfen hier fahren und die Sicht behindern – und in dem Turm mit dem grünen S drauf, oben auf der Bösebrücke, sitzt der Grenzdienst und nicht selten auch der ein oder andere östliche Geheimdienst im sogenannten »Krähennest« und beobachtet den Grenzübergang und den Geisterbahnhof darunter.

Adresse Bösebrücke, 10439 Berlin-Prenzlauer Berg | ÖPNV S1, S2, S8, S9, S25, S85, Haltestelle Bornholmer Straße; Tram M13, 50, Haltestelle S Bornholmer Straße | Und heute Der Grenzübergang »Bornholmer Straße« war 1989 der erste, der dem Druck der Bevölkerung gewichen ist. Reste der Sperranlagen und ein Stück Hinterlandsmauer erinnern hier noch an die Teilung Berlins.

37_Die Georgenkirche

Fontane und die Revolution

»Die Glocken müssen Sturm läuten!« Der junge Apotheker ist sich sicher, dass an diesem 18. März 1848 Großes geschieht. Er hastet zur nächsten Kirche. Schließlich wurde alles Große in der Geschichte von mächtigem Sturmgeläut eingeleitet. Ihm entgegen strömen die Menschen vom Schlossplatz.

Der König, der vom Balkon aus erst noch auf die Forderungen des Volkes eingegangen ist, ließ plötzlich den Platz von seinen Truppen räumen. Doch die Arbeiter, Bürger, Angestellten geben nicht klein bei und beginnen nun, an allen Straßenecken Barrikaden zu errichten. Inzwischen ist der 28-jährige Theodor Fontane bei der Georgenkirche angekommen, wild entschlossen, seinen Beitrag zur Revolution zu leisten – und den Ereignissen eine angemessene Tragweite zu verleihen.

Doch die Türen der großen Kirche sind verschlossen – was Fontanes Eifer aber nur noch mehr steigert. Er blickt sich um und entdeckt einen Holzpfahl, an dem eine Wäscheleine gespannt ist. Mit diesem Pfahl könnte es funktionieren, denkt sich der tatendurstige Apotheker, damit könnte er die morsche Holztür der Kirche aufstemmen. Doch der Pfahl, obwohl schon alt und wacklig, will sich nicht aus dem Boden ziehen lassen, und Fontane muss schließlich einsehen: Die Revolution muss auch ohne sein Sturmläuten vorankommen: »Nachdem ich mich ein paar Minuten lang wie wahnsinnig mit ihm abgequält und sozusagen mein bestes Pulver – denn ichkam nachher nicht mehr zu rechter Kraft – an ihm verschossen hatte, mußt' ich es aufgeben.«

Kurze Zeit später wird Fontane mitgerissen von dem Menschenstrom bis in das besetzte Königsstädtische Theater – aber auch hier muss er letztendlich erkennen, dass er für Heldentaten nicht gemacht ist – und er beschließt, sich mit der Rolle des Beobachters zufriedenzugeben und schriftlich festzuhalten, was an diesem 18. März auf den Straßen rund um den Schlossplatz geschieht.

Adresse Georgenkirchstraße, 10249 Berlin | **ÖPNV** S5, S7, S75, U2, U5, U8, Haltestelle Alexanderplatz; Tram M4, M5, M6, Haltestelle S+U Alexanderplatz; Bus 248, Haltestelle S+U Alexanderplatz | **Und heute** An die im Krieg zerstörte Kirche erinnert lediglich die kurze Georgenkirchstraße im Schatten des neuen Modellprojekts »Haus der Statistik« am Alexanderplatz.

38 Die Glasinstrumentenfabrik Burger

Die Flasche in der Flasche

»Hält kalt und heiß, ohne Feuer und Eis« – dieser Slogan wird jeden überzeugen, da ist sich der Glastechniker Reinhold Burger sicher. Er schaltet Anzeigen, lässt Plakate kleben und Postkarten drucken – denn alle sollen seine Begeisterung teilen für das, was er erfunden hat und was er am 1. Oktober 1903 unter dem Namen »Thermos« zum Patent anmeldet. Doch trotz griffiger Werbeslogans wie »Heiß bleibt heiß und kalt bleibt kalt« findet das Produkt aus der kleinen Pankower Fabrik keine Käufer. Reinhold Burger verliert die Geduld, er ist schließlich Forscher und kein Kaufmann, und so verkauft er 1909 das Patent an eine amerikanische Firma. Nur kurze Zeit später macht diese Millionengeschäfte mit seiner Erfindung: 1925 kommt die Halbliter-Thermosflasche mit Plastikgehäuse auf den Markt – die schon bald in keinem modernen Haushalt in den USA mehr fehlen darf.

Dabei ist die Thermosflasche rein zufällig entstanden: Reinhold Burger bekam den Auftrag, ein Gefäß zu entwickeln, mit dem sich verflüssigte Luft von niedrigster Temperatur isolieren lässt. Er stellte also einen Behälter aus zwei Glasflaschen her, bei dem das Vakuum zwischen den Flaschen das Innere von der Außentemperatur isolieren sollte. Um die Konstruktion zu testen, benutzte der Pankower heißes Wasser – das hatte er schneller zur Hand als den eiskalten flüssigen Sauerstoff. Und so hatte er schließlich auch die Idee, dass die Flasche in der Flasche eben nicht nur in den Laboren von Nutzen wäre, sondern auch ganz alltäglich zum Beispiel den Kaffee warm halten könnte. Reinhold Burger dichtete den Hohlraum ab, verstärkte das zerbrechliche Gehäuse mit einer dünnen Metallschicht, verschloss die Flasche mit einem Korken und setzte noch einen Trinkbecher obendrauf. Sein Kaffee blieb in dieser ersten Thermosflasche schön warm – und blieb es bestimmt auch noch, nachdem er die Patentrechte bereits verkauft hatte.

Adresse Wilhelm-Kuhr-Straße 3, 13187 Berlin-Pankow | ÖPNV Tram M1, Bus 107, 55, 250, Haltestelle Rathaus Pankow; Bus 255, Haltestelle Wilhelm-Kuhr-Straße | Und heute Auf den Klingelschildern des Wohnhauses steht immer noch dreimal der Name Burger. In der Haustür erinnert eine Gravur an die Erfindung der ersten Thermoskanne.

39 Die Glienicker Brücke

CIA gegen KGB

Es gibt wohl keinen anderen Ort, an dem sich USA und UdSSR im Kalten Krieg so nah gegenüberstehen. »Brücke der Einheit«, steht auf dem Stahlbogen. Den Namen erhielt die Brücke zwischen Wannsee und Potsdam in einer Zeit, als sie hier wirklich noch zwei Seiten verband. Doch jetzt trennt sie Land und Menschen. Der weiße Strich in der Mitte ist bewacht, Tag und Nacht. Am 10. Februar 1962 um 8.44 Uhr richten sich noch mehr Augenpaare auf die Brückenmitte als sonst: Es ist der Moment, in dem der Amerikaner Francis Gary Powers die weiße Linie übertritt – und nach zwei Jahren russischer Gefangenschaft wieder auf Alliierten-Seite steht. Kurz darauf überquert William Fischer alias Rudolf Iwanowitsch Abel die Grenze in die entgegengesetzte Richtung. Als die beiden Männer aneinander vorbeigehen, nicken sie sich zu. Leben gegen Leben.

Wahrscheinlich sind an diesem Tag Washington und Moskau gleichermaßen froh, dass sie den Fall Powers endlich als abgeschlossen betrachten können. US-Pilot Powers flog 1960 im Auftrag der CIA in die Sowjetunion, um Luftbilder aufzunehmen. Seine Maschine wurde vom sowjetischen Militär abgeschossen, und Powers kam, nachdem er mit dem Fallschirm gelandet war, in ein Gefängnis in der Nähe von Moskau. Die USA gingen davon aus, dass der Spion Powers beim Flugzeugabsturz ums Leben gekommen war, und behaupteten gegenüber den Russen, dass es sich bei der US-Maschine um einen NASA-Flug zur Wetterbeobachtung gehandelt hätte. Doch die Russen präsentierten den Gefangenen Powers mitsamt der Spionageausrüstung aus dem Flugzeug – und Präsident Nikita Chruschtschow verlangte daraufhin eine sofortige Entschuldigung von Dwight D. Eisenhower. Das lehnte dieser ab – genauso wie die Aufforderung, den Fall als »aggressiven Akt« der USA anzuerkennen.

Immerhin konnten sich die beiden Weltmächte dann doch einigen – und zwei Jahre später wird Francis Gary Powers auf der Glienicker Brücke gegen den russischen Spion Iwanowitsch getauscht.

Adresse Königstraße/Berliner Straße, 14109 Berlin-Zehlendorf | ÖPNV Bus 316, Haltestelle Glienicker Lake | Und heute Man kann immer noch gut erkennen, wo einmal die Grenze verlief: Die Farben des Brückengeländers auf Potsdamer und Berliner Seite unterscheiden sich deutlich voneinander.

40 Der Grunewald

Operation Walküre

»Der Führer Adolf Hitler ist tot.« Margarethe von Oven tippt diese Worte auf ihrer Schreibmaschine. Mit Handschuhen. Immer wieder. Denn mit diesem Satz beginnen alle Entwürfe, die ihr Henning von Tresckow und Claus Schenk Graf von Stauffenberg im September 1943 diktieren. Erst seit wenigen Wochen arbeitet sie ganz offiziell als Sekretärin für den Ersten Generalstabsoffizier von Tresckow. Seine Frau ist ihre langjährige Freundin – und gemeinsam erledigen nun die beiden Frauen die schriftlichen und, wie ihnen sehr wohl bewusst ist, lebensgefährlichen Arbeiten auf den geheimen Besprechungen, auf denen das Attentat sowie die »Operation Walküre« geplant werden.

Als Treffpunkt wurde auch für diese Verabredung eine Stelle im Grunewald gewählt. Stauffenberg und Tresckow bringen wie jedes Mal ihre Stichwortzettel mit, die sie dann auf dem Treffen unter den Bäumen zu militärischen Befehlen umformulieren. Nachdem die Sätze getippt sind, versteckt Margarethe von Oven, wie schon so oft zuvor, die Schreibmaschine wieder im Gebüsch – und dann verlassen sie den Wald und laufen die Trabener Straße stadteinwärts. Unter dem Arm tragen die beiden Männer die Mappe mit den Plänen für den Umsturz, als ihnen plötzlich ein Wagen der SS entgegenkommt und direkt neben ihnen bremst. Als die SS-Leute vom Wagen springen, halten alle drei die Verschwörung für geplatzt. Es ist aus. Sie bleiben stehen – doch die SS-Leute stürmen durch die Haustür neben ihnen, ohne sie zu beachten.

»Das Attentat muss erfolgen, coûte que coûte.« Henning von Tresckow ist mit dieser Überzeugung nicht allein. »Operation Walküre« sollte zusätzlich zu dem Attentat das NS-Regime auf ganz offiziellem Weg durch oberste Befehle stürzen. Selbst die Gestapo muss nach dem missglückten Attentat am 20. Juli 1944 zugeben: »… der Plan in seinem von Stauffenberg und der Verschwörerclique gedachten Verwendungswerk (war) raffiniert getarnt.«

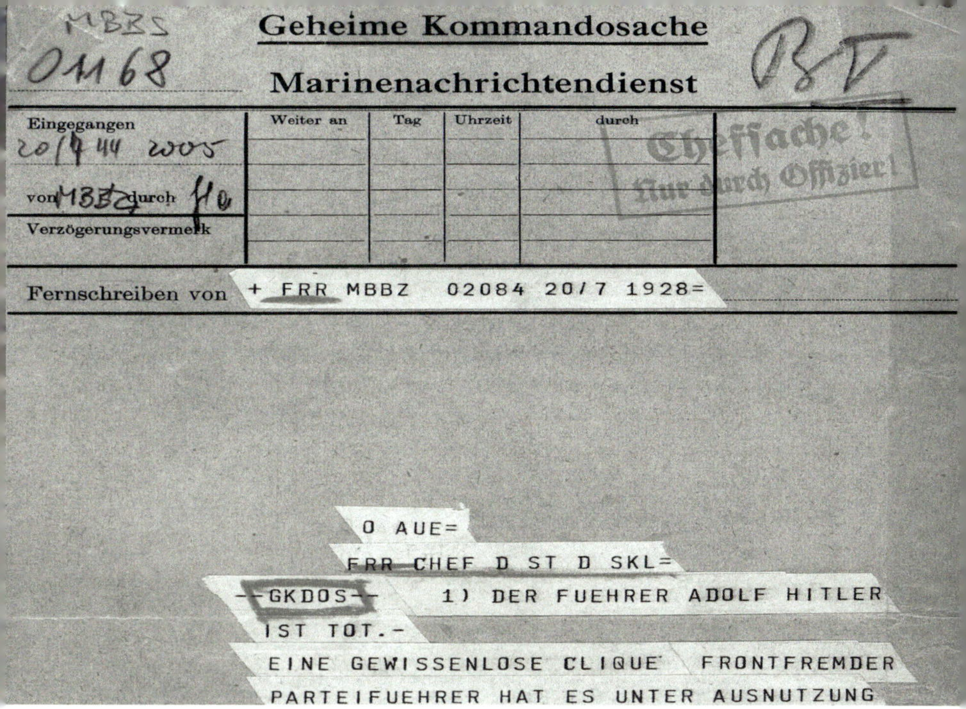

MBBZ
0168

Geheime Kommandosache

Marinenachrichtendienst

BV

Eingegangen	Weiter an	Tag	Uhrzeit	durch
20/7 44 2005				
von MBBZ durch Ho				
Verzögerungsvermerk				

Chefsache! Nur durch Offizier!

Fernschreiben von + FRR MBBZ 02084 20/7 1928=

O AUE=

FRR CHEF D ST D SKL=

--GKDOS-- 1) DER FUEHRER ADOLF HITLER

IST TOT.-

EINE GEWISSENLOSE CLIQUE FRONTFREMDER

PARTEIFUEHRER HAT ES UNTER AUSNUTZUNG

Bild Dokument der »Operation Walküre« | Adresse Schildhornweg am S-Bahnhof Grunewald, 14193 Berlin-Wilmersdorf | ÖPNV S7, Haltestelle Grunewald; Bus M19, 186, 349, Haltestelle S Grunewald | Und heute Neben den schattigen Alleen gibt es auch die vielen kleinen geschlungenen Fußwege mitten durch den Wald. In der Mitte liegt der Teufelsberg. Naherholung pur.

41 Das Haus am Rupenhorn

Sind Sie auch Dichter?

Im Frühjahr 1955 erhält der Student der Bildhauerei in seiner Berliner Kellerwohnung ein Telegramm: »Gruppe 47 tagt. Haus Rupenhorn. Bitte kommen. Manuskript mitbringen.« Also fährt der 27-Jährige am 13. Mai zu dem Haus am Wannsee, wo er als Erstes von der Kellnerin gefragt wird: »Sind Sie auch Dichter?« Als er bejaht, bekommt er Streuselkuchen und Kaffee.

Der Kunststudent schreibt tatsächlich Gedichte, aber andere Autoren kennt er nicht. Da kommt der Gründer der Schriftstellergruppe, Hans Werner Richter, auf ihn zu und begrüßt den Neuling mit den knappen Worten: »Sind Sie der, der mir empfohlen wurde?« Und damit ist Günter Grass in die Gruppe aufgenommen, die 1947 gegründet wurde und in der unter anderem Heinrich Böll, Ingeborg Bachmann und Hans Magnus Enzensberger Mitglieder sind. Jedes Jahr lädt Hans Werner Richter die Autoren ein, immer an einen anderen Ort – und dann lesen sich die Literaten aus ihren neuen Werken vor.

Jeder Schreiberling, der mit einer Kurzgeschichte, einem Essay oder Gedicht auf dem Stuhl neben Richter Platz nimmt, weiß, worauf er sich einlässt. Denn die Texte werden anschließend diskutiert, ohne Rücksicht interpretiert, zerpflückt und im schlimmsten, aber nicht seltenen Fall, vollkommen vernichtet. Das muss man aushalten. Verteidigen darf sich der Autor nicht. Ganz am Ende wird jedes Mal abgestimmt, wer den jährlichen Preis der Gruppe 47 bekommt. Auch in diesem Jahr im Haus am Rupenhorn wird der Preisträger verkündet: Martin Walser gewinnt ihn mit seiner Erzählung »Templones Ende«.

Walser hatte vier Jahre zuvor als Rundfunkreporter die Beiträge der Gruppe aufgezeichnet. Als Hans Werner Richter ihn fragte, wie es mit den Aufnahmen stehe, antwortete Walser: »Technisch einwandfrei, aber was gelesen wird, kann ich besser.« Zum nächsten Treffen erhielt der Reporter eine Einladung – um den Beweis zu erbringen.

Bild Hans Werner Richter mit Anna Grass und Peter Rühmkorf | **Adresse** Am Rupenhorn 5, 14055 Berlin-Charlottenburg | **ÖPNV** Bus M49, X34, X49, Haltestelle Stößenseebrücke; Bus 218, Haltestelle Am Postfenn | **Und heute** In dem denkmalgeschützten Gebäude von 1929 ist die »Touro University Berlin« eingezogen. Der Blick auf die Havel ist derselbe geblieben.

42 Das Hotel Eden

Der Befehl von oben

Am Abend des 15. Januar 1919 hat Robert Kempner Dienst. Der 19-Jährige arbeitet bei der Telefonüberwachung. Seit diesem Morgen gehören auch die Telefonleitungen des Hotel Eden zu den Apparaten, die abgehört werden. Nachdem Freikorps und Regierungstruppen den Spartakusaufstand niedergeschlagen haben, ist das Hauptquartier der Garde-Kavallerie-Schützendivision in das Tiergartener Hotel eingezogen. Die Telefonüberwachung hat Bürgerkriegsoberbefehlshaber Gustav Noske selbst angeordnet. An dem Abend, als Robert Kempner Dienst hat, verfängt sich allerdings Noskes eigenes Gespräch in den Abhörnetzen. In dem Telefonat mit Hauptmann Waldemar Pabst gibt er den Befehl, die an diesem Tag gefangen genommenen Revolutionäre Rosa Luxemburg und Karl Liebknecht zu ermorden.

Im Hotel Eden werden Luxemburg und Liebknecht beschimpft, misshandelt – und später in zwei Wagen in den Tiergarten gefahren. In der Zeitung steht später: Karl Liebknecht wurde bei einem Fluchtversuch erschossen und Rosa Luxemburg in einem Menschengetümmel von Unbekannten verschleppt.

Ein Militärgericht spricht alle Beteiligten frei. Erst über 50 Jahre später werden die Namen der Täter genannt. Unter anderem von Robert Kempner. Nach Absprache mit Juristen und Historikern wird er in seinen Lebenserinnerungen von dem mitgehörten Gespräch berichten.

Auch Oberst Pabst schreibt in seinen Memoiren über jenes Telefonat, in dem der Mord an Luxemburg und Liebknecht als notwendige Maßnahme befunden wurde. Wie niemand anders haben Luxemburg und Liebknecht das falsche Spiel der Ebert-Regierung durchschaut und deren Machenschaften an den Pranger gestellt. Die beiden Revolutionäre waren Symbolfiguren geworden. Beseitigte man die beiden, darin waren sich Noske und Pabst einig, würde man auch der Revolution endgültig das Feuer nehmen.

Bild Panzer der Freikorpstruppe vor dem Hotel Eden | **Adresse** Auf der Kreuzung am Olof-Palme-Platz, 10787 Berlin-Tiergarten | **ÖPNV** S5, S7, S75, U2, U9, Haltestelle Zoologischer Garten; U1, U2, U3, Haltestelle Wittenbergplatz; Bus 100, Haltestelle Bayreuther Straße | **Und heute** Das Hotel muss dort gestanden haben, wo heute die Kurfürsten-, die Budapester und die Nürnberger Straße aufeinandertreffen. Mitten auf der Kreuzung. Gegenüber ist das Aquarium.

43 Das Jagdschloss Grunewald

Die eingemauerte Geliebte

Anna Sydow ist eine begehrenswerte Frau, heißt es. Auch Kurfürst Joachim II. von Brandenburg verguckt sich in die »schöne Gießerin«, wie die Witwe des Geschützgießers von allen genannt wird. Im Jahr 1550 lässt er sie in sein neues Jagdschloss außerhalb der Stadt bringen, wo Anna Sydow 20 Jahre lebt und mehrere Kinder von ihm bekommt. Von der Stadt führt ein Dammweg über das sumpfige Gebiet bis zum Jagdschloss, der schon bald von allen nur noch der »Kurfürstendamm« genannt wird – so häufig reitet Joachim von einem Schloss zum anderen. Aber der Kurfürst verheimlicht seine Geliebte nicht, im Gegenteil: Er zeigt sich in aller Öffentlichkeit mit ihr und den Kindern. Eine Tochter von Anna aus der ersten Ehe adelt er sogar – und ihrem Sohn Nicolaus vermacht Joachim ein Dorf.

Das alles zieht den Zorn seines Sohnes Johann Georg auf sich, er ist empört über den ungenierten Lebenswandel seines Vaters – und macht sich über die Verschuldung des Kurfürstentums Sorgen. Umso mehr, weil die Ehefrau des Kurfürsten, Hedwig von Polen, die nach einem Jagdunfall nur noch an Krücken gehen kann, dem Treiben ihres Mannes so hilflos zusehen muss. Der Kurfürst spürt die wachsende Missgunst – und lässt den Sohn vorsorglich unterschreiben, dass Anna Sydow nach seinem Tod gut behandelt wird.

Als der Vater 1571 ganz plötzlich bei einem Jagdfest stirbt, handelt Johann Georg. Sein Zorn über die Schmach, die ihm und seiner Familie angetan wurde, ist über die Jahre immer stärker geworden. Im Jagdschloss angekommen, trifft er Anna Sydow auf der kleinen Wendeltreppe an, die zu den Gemächern des Kurfürsten nach oben führt und über welche sie wohl nachts immer zu seinem Vater hinaufgeschlichen ist. Wutentbrannt mauert Johann Georg sie in die Mauer ein. Lebendig.

Anna Sydow kann natürlich keine Ruhe finden – und erscheint den Besuchern noch Hunderte von Jahren später immer wieder als Weiße Frau im Jagdschloss.

Adresse Hüttenweg 100 (am Grunewaldsee), 14193 Berlin-Zehlendorf | ÖPNV Bus X10, X83, 115, Haltestelle Königin-Luise-Straße/Clayallee (15 Minuten Waldspaziergang) | Und heute Wer das Fürchten lernen will oder einfach mal eine Nacht am Grunewaldsee verbringen möchte, der kann im Jagdschloss ein Zimmer mieten. Das einzige. Tel. 030/8181910.

44 Das KaDeWe

In diesem Sinne, liebe Genossinnen und Genossen …

Als der Ladendetektiv am 30. Juni 1983 gegen 16.30 Uhr eine Dame beobachtet, die zwei Packungen Damenstrümpfe im Wert von 16,40 Mark in ihre Tasche steckt, folgt er ihr. Als die Dame dann das Kaufhaus verlassen möchte, ohne vorher bezahlt zu haben, stellt der Detektiv die Ladendiebin – ohne zu ahnen, dass dieser Diebstahl weit größeres Aufsehen erregen wird, als er es vielleicht angesichts des nicht sehr hohen Wertes der gestohlenen Gegenstände für möglich hält. Denn bei der Ladendiebin handelt es sich um Marta Rafael, Schauspielerin und Ehefrau des DDR-Chef-Fernsehkommentators Karl-Eduard von Schnitzler. Das Ehepaar besitzt seit Jahren eine Sondergenehmigung für die Einreise nach Westberlin.

Karl-Eduard von Schnitzler kommentiert im DDR-Fernsehen in der Sendung »Der Schwarze Kanal« jeden Montagabend Ausschnitte aus den Nachrichten der Bundesrepublik – indem er sie so zerpflückt und aus dem Zusammenhang reißt, dass die Botschaft jede Woche seit bereits über 20 Jahren so ziemlich die gleiche ist: Die BRD ist ein Staat, geführt von ewig gestrigen Nazis, die noch dazu von kapitalistischen Unterdrückern aus dem Westen unterstützt werden.

Von Schnitzler oder auch »Sudel-Ede«, wie er genannt wird, hält vor der Kamera den Kampf für den Sozialismus hoch. Nach dem Fall der Mauer wird er in seiner letzten Sendung sagen, dass er nichts zu bereuen hat. Er bleibe Waffe im Klassenkampf. »Und in diesem Sinne, liebe Genossinnen und Genossen, auf Wiederschaun!«

Aber hinter der Kamera, das weiß man in Ost und West, ist es mit von Schnitzlers Landestreue nicht so gut bestellt. Man erzählt, dass er eine Wohnung in Westberlin haben soll und dass er schon das ein oder andere Mal volltrunken von der Westberliner Polizei bei einem Grenzübergang abgeliefert wurde. Der Ladendiebstahl seiner Frau im größten kapitalistischen Kaufhaus der Stadt ist für von Schnitzlers Kollegen im Westen eine willkommene Nachricht.

Adresse Tauentzienstraße 21, 10789 Berlin-Charlottenburg | ÖPNV U1, U2, U3, Haltestelle Wittenbergplatz; Bus M19, M29, M64, Haltestelle Wittenbergplatz | Und heute Im sechsten Obergeschoss ist das Schlemmer-Paradies: Allein 1.800 Sorten Wurst und mehr als 1.000 verschiedene Brote findet man hier.

45 Das Kaiser-Wilhelm-Institut

Keine Wunderwaffe für Hitler

Irgendwann im Herbst 1938. Institutsprofessor Otto Hahn und sein Assistent Fritz Straßmann bereiten einen Versuch auf ihrem großen Holztisch vor: Sie werden Uransalz mit Neutronen beschießen, um in Hahns Forschungsreihe einen Schritt weiterzukommen. Das Ergebnis verwirrt den Chemiker. Anstatt ein Element zu erhalten, das schwerer als Uran ist, finden sie in der Probe Barium, dessen Atome nur halb so viel wiegen wie Uran. Otto Hahn schreibt seiner emigrierten jüdischen Kollegin Lise Meitner von dem Ergebnis: »Immer mehr kommen wir zu dem schrecklichen Schluss: unsere Ra-Isotope verhalten sich nicht wie Ra, sondern wie Ba. Vielleicht kannst Du irgendeine phantastische Erklärung vorschlagen. Wir wissen selbst, dass das Uran nicht zerplatzen kann …«

Am 3. Januar 1939 kommt endlich die ersehnte Antwort aus Schweden: »Ihr habt den Urankern zum Barium zertrümmert, ein wunderschönes Ergebnis, Dir und Straßmann meinen herzlichen Glückwunsch!« Als sie die Spaltung wieder und wieder durchführen, merken die Physiker und Chemiker am Institut, dass der Massenverlust während der Kernspaltung eine unfassbare Energie freisetzt: Bei der Spaltung von einem Gramm Uran wird eine Energiemenge frei, die zweieinhalb Millionen mal größer ist, als wenn man ein Gramm Steinkohle verbrennt.

Adolf Hitler beauftragt die Wissenschaftler in Dahlem, unter strengster Geheimhaltung mit dieser Energie eine Wunderwaffe zu konstruieren. Doch die Chemiker sträuben sich. Sie setzen auf Verzögerungstaktik – nur, wie lange das gut gehen kann, ist fraglich. Aber der Physiker Max von Laue behält die Ruhe. Er beschwichtigt die besorgten Wissenschaftler: »Kollegen, eine Erfindung, die man nicht machen will, macht man auch nicht.« Und so wird Hitler auf sein Nachfragen immer wieder vertröstet: Man sei nah dran.

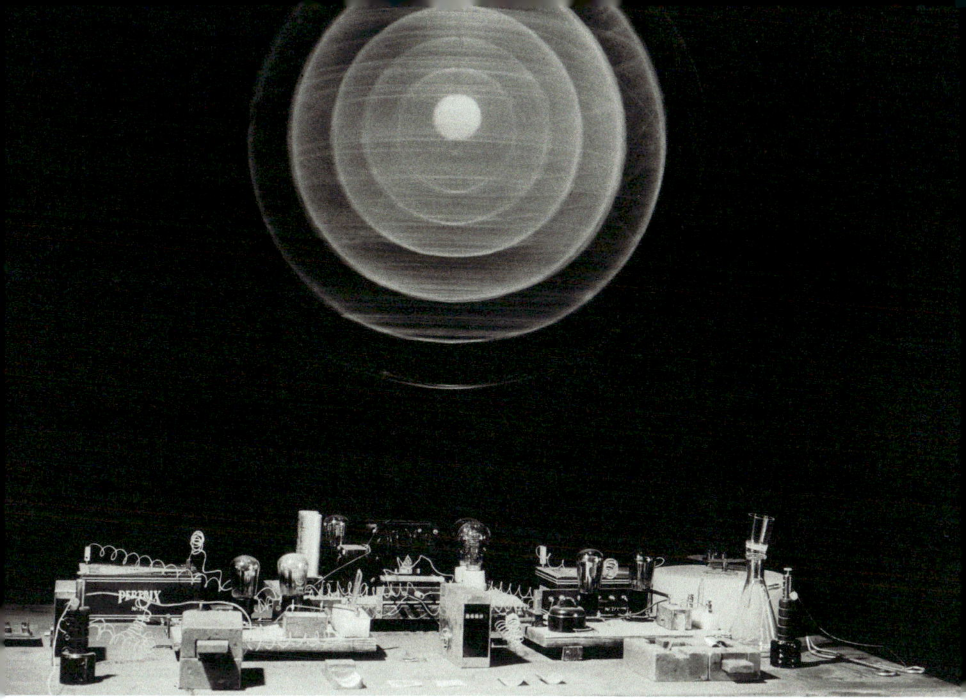

Adresse Thielallee 63, 14195 Berlin-Zehlendorf | ÖPNV U3, Haltestelle Thielplatz; Bus M11, 110, Haltestelle U Thielplatz; Bus X11, 110, Haltestelle Hittorfstraße | Und heute Im Lise-Meitner-Hörsaal im zweiten Stock des Institutes für Chemie und Biochemie der Freien Universität Berlin stellen Mitarbeiter und Studierende regelmäßig Bilder aus.

46 Der Kastanienbaum

Der Absturz des Rosinenbombers

Es muss gegen ein Uhr nachts sein, am 25. Juli 1948, als die Bewohner des Hauses durch ein lautes Brummen wach werden. Und nur einige Augenblicke später folgt ein ohrenbetäubendes Krachen. Gerhard Haupt ist neun Jahre alt. Er hat einen tiefen Schlaf. Er wird nicht von dem Lärm vor dem Haus wach, sondern weil seine Mutter ins Kinderzimmer stürmt und ruft: »Der Krieg geht wieder los!« Voller Panik packt sie Essen zusammen, und Gerhard und sein Bru- der können ihre Mutter gerade noch davon abhalten, den Elektroherd von der Wand zu reißen. Als sie aus dem Fenster gucken, sehen sie, was wirklich geschehen ist: Ein Rosinenbomber ist abgestürzt und am Boden explodiert, direkt neben dem Haus. Die Nase des silbernen Flugzeugs hat einige Balkone mitgerissen und sich dann in die Erde des Vorgartens zwischen Wohnhaus und dem Kastanienbaum gebohrt.

Es stinkt. Das Kartoffelmehl aus dem Laderaum hat sich mit dem Löschwasser zu einem stark riechenden Gebräu vermischt. Die beiden amerikanischen Piloten haben den Absturz nicht überlebt. Aber wie durch ein Wunder stehen sowohl das Haus als auch die Kastanie an der Straße noch – wenn auch die Blätter und ersten kleinen Kastanien am Baum schwarz verkohlt sind.

Vier Tage nach dem Absturz bringen die Berliner eine Tafel am Wohnhaus an: »Die Berliner Westsektoren werden euch das nie vergessen! Einst waren wir Feinde, und doch gabt ihr jetzt euer Leben für uns. Wir stehen doppelt in eurer Schuld.« Es wird in der ganzen Stadt aufgerufen, für die Familien der Flieger Geld zu sammeln: 946,50 Mark kommen zusammen. Und der Kastanienbaum? Wochen nach dem Absturz, es ist inzwischen Ende August, beginnt der Baum plötzlich zu blühen – die Hitze des Feuers hat der Kastanie einen zweiten Frühling beschert, allerdings nur der einen Hälfte, auf der anderen Baumseite hängen die verbrannten Stachelhülsen von den Ästen.

Adresse Handjerystraße 2, 12159 Berlin-Schöneberg | ÖPNV S41, S42, S46, U9, Haltestelle Bundesplatz; Bus 248, Haltestelle S+U Bundesplatz | Und heute Der große Baum am Straßenrand steht nicht mehr – aber eine neue kleine Kastanie wurde an die Stelle gepflanzt.

47 Die Katakombe

Ja zum Leben, ja zum Glauben

Als die 15-jährige Isa Vermehren sich 1933 in Lübeck weigert, den Arm zum Hitlergruß zu heben, fliegt sie kurzerhand vom Gymnasium. Da packt Isa ihren Koffer, nimmt ihr geliebtes Akkordeon und fährt nach Berlin. Dort klingelt sie bei Werner Finck, dem Leiter des Kabaretts »Die Katakombe« – und bereits am gleichen Abend steht sie auf seiner Bühne.

Mit ihren roten Haaren und den Sommersprossen schmettert sie zum Akkordeon voller Inbrunst: »Eine Seefahrt, die ist lustig« bis zur 15. Strophe. Publikum und Presse sind begeistert. Sie wird gefeiert als »Naturereignis« und als »Entdeckung« – und mit Beifall überschüttet. Es sind wahrscheinlich nicht so sehr die Matrosenlieder, sondern vielmehr ihr überschäumendes Temperament, welches die Menschen mitreißt. Und das Temperament bleibt, wenn auch das Leben im Nationalsozialismus weitergeht – und immer mehr Fragen für Isa Vermehren unbeantwortet lässt. Obwohl sie die Bühne über alles liebt, wird ihr bald klar: Das wird ihr nicht reichen. Mit 20 konvertiert die Protestantin zum katholischen Glauben und möchte Nonne werden. Aber der Krieg lässt sie vorerst nicht an eigene Pläne denken. Als ihr Bruder in Ankara zu den Alliierten flieht, wird die ganze Familie Vermehren in Sippenhaft gebracht.

Sie überlebt – und nach dem Krieg studiert Isa Vermehren Englisch und Deutsch, um endlich in den Orden des Sacré-Cœur eintreten zu können – für den sie sich schon zehn Jahre zuvor entschieden hat. Wie alle Schwestern ihres Ordens unterrichtet Isa Vermehren. Und auch am Gymnasium in Bonn-Pützchen sind es ihr Temperament und ihre Lebensfreude, die auch die Schülerinnen begeistern. Vor allem das Theater liegt Schwester Vermehren immer noch sehr am Herzen. Und hin und wieder kommt es vor, dass sie ihr Akkordeon hervorholt, ihre »Knautschkommode«, und den Schülerinnen etwas vorsingt – und vielleicht ja auch manchmal das ein oder andere Matrosenlied.

Adresse Bellevuestraße 3, 10785 Berlin-Tiergarten | **ÖPNV** S1, S2, S25, U2, Haltestelle Potsdamer Platz; Bus M41, M48, M85, 200, Haltestelle S+U Potsdamer Platz | **Und heute** Das Theater steht nicht mehr. Der kleine Birkenwald hier an dieser Stelle war eine der besten Ideen für den neuen Potsdamer Platz.

48 Das Kino Kosmos

Das Wunder von Paul und Paula

Am Abend des 29. März 1973 macht sich Regisseur Heiner Carow mit gemischten Gefühlen auf den Weg in das Kino Kosmos. Heute ist die Premiere von seinem neuen Film. Der Filmverband hat »Die Legende von Paul und Paula« zwar freigegeben, aber es gibt das Gerücht, dass der Film wegen zu freiheitlicher Ideale und zu viel ungeschminkter DDR-Realität doch noch verboten werden könnte. Noch am Vormittag hat Erich Honecker selbst den Film auf dessen Linientreue hin gesichtet. Am Nachmittag erhält Heiner Carow dann einen Anruf von Filmminister Günter Klein, der ihn darum bittet, sich auf der Premiere ein Parteiabzeichen anzustecken. Schließlich habe er gerade dem Filmverband versichern müssen, dass die Regisseure Genossen seien. Heiner Carow sträubt sich zwar zuerst, aber als er vor dem Kino eintrifft, trägt auch er das Abzeichen an der Jacke.

Der Film läuft im ausverkauften Kosmos mit 800 festen Plätzen für Protokollgäste und 400 frei verkauften Karten. Die Puhdys singen »Wenn ein Mensch lange Zeit lebt« und »Geh zu ihr und lass deinen Drachen steigen«, die leidenschaftliche Paula kämpft um den karrierebewussten Paul – und Heiner Carow leidet unerträgliche Qualen, weil es während der gesamten Vorführung keine noch so kleinste Regung im Publikum gibt. Doch nach dem Ende bricht ein tosender Applaus los, 20 Minuten lang. Das Publikum feiert die Paula-Schauspielerin Angelica Domröse. Zumindest ein Drittel des Publikums. Die anderen Zuschauer verharren nach wie vor regungslos auf ihren Plätzen, ohne zu klatschen. Aber »Die Legende« ist nicht mehr aufzuhalten: Der Film wird ein Riesenerfolg.

Später können sich viele gar nicht mehr erklären, wie dieser Film es überhaupt geschafft hat. Wegen der Traum-Sequenzen, sagen die einen, wegen des berühmten Lochs in der Kulturpolitik nach Ulbricht, sagen die anderen – und manche halten es schlichtweg für ein kleines Wunder.

Bild Szene aus »Die Legende von Paul und Paula« | **Adresse** Karl-Marx-Allee 131a, 10243 Berlin-Friedrichshain | **ÖPNV** U5, Haltestelle Frankfurter Tor; Tram M10, 21, Haltestelle U Frankfurter Tor; Bus 347, Haltestelle Kadiner Straße | **Und heute** In der zwölften Reihe mit Beinfreiheit saßen früher die Spitzen aus Partei und Regierung. Heute ist das Kosmos kein Kino mehr, sondern Veranstaltungsort, die VIP-Stuhlreihe gibt es auch nicht mehr.

49 Der Kolonialpark

Eine Kulisse für Afrika

Carl Hagenbeck ist zufrieden. Die öde Dünenlandschaft der Rehberge scheint ihm ideal: Hier wird er mitten in Deutschland Afrika entstehen lassen. Die Pläne für die weitläufigen Gehege sind bereits gezeichnet, die Heimatregionen der Tiere werden naturgetreu nachgebaut. Er kann sie bereits vor sich sehen, die riesigen Felsenlandschaften, Klippen, Schluchten und Grotten. Hier wird Platz genug sein für die Tiere – und die Menschen. Denn Carl Hagenbeck ist nicht nur Tierfreund und Zoobesitzer – sondern veranstaltet auch im ganzen Land die so beliebten Völkerschauen. Er hat ein gutes Gespür für Inszenierungen. Das kommt nicht von ungefähr: In Hamburg wächst er als Sohn eines Schaubudenbesitzers zwischen Marktschreiern auf, die »menschenfressende Wilde«, »Schlangenmenschen« oder »Rieseneisbären« als Kuriositäten anpreisen. Später bereist er die deutschen Kolonien in Afrika, vor allem den Sudan. Er transportiert Raubtiere mit Mauleseln über die Alpen und reist mit Elefanten vier Tage lang im Zug.

Als das Geschäft mit der Tierschau nicht mehr so gut läuft, hat er eine Idee. Er lässt die Rentiere, die er in Lappland kauft, von einer einheimischen Familie begleiten. So kommt es zur ersten Hagenbeck'schen Völkerschau, einem eher unauffälligen Spektakel: Die Lappen fangen gelegentlich ein Rentier mit dem Lasso ein, stillen ihre Kinder, bauen Zelte auf und wieder ab. Doch die Schau wird völlig unerwartet zu einem riesigen Erfolg – und für Hagenbeck zu einem zweiten Geschäftszweig.

In Berlin sollen nun die Tiere und Menschen zusammen bestaunt werden können – die deutschen Kolonien stehen bereits Pate für die Straßennamen rund um das Gelände, und die Afrikanische Straße verläuft richtungsweisend einmal durch das Viertel. Doch Hagenbecks Pläne von einer exotischen wilden Welt auf märkischem Sandboden werden kurz darauf von dem ausbrechenden Ersten Weltkrieg durchkreuzt.

Bild Hagenbecks Völkerschau hält Einzug in Berlin, 1926 | **Adresse** Volkspark Rehberge, 13351 Berlin-Wedding | **ÖPNV** U6, Haltestelle Rehberge; Tram M13, 50, Haltestelle Seestraße/Amrumer Straße; Bus 221, Haltestelle Otawistraße | **Und heute** Die auslaufenden Wiesen wirken beinahe wirklich savannenartig. Ein Tipp für den Sommer: Das Freiluftkino Rehberge mitten im Wald.

50 Die Kondomfabrik

Die nahtlose Revolution

»Schreiben Sie: Die Konkurrenz platzt«, rät Julius Fromm seinem Werbechef. Es ist Mitte der 1920er Jahre, die »Fromms« oder auch »Frommser« sind schon jetzt der Inbegriff für Kondome überhaupt. Gummifabrikant Fromm steht auf der Schwelle zum Großindustriellen. Seine Erfindung hat bewiesen, dass sie Markenpotenzial hat.

In seinem Hinterhofladen »Für Parfümerie und Gummiwaren« entdeckte Julius Fromm beim Experimentieren ein Verfahren, mit dem er schon kurze Zeit später das erste nahtlose Kondom herstellte: Er tunkte einen Glaskolben in eine Gummilösung aus Naturkautschuk.

1930 lässt Julius Fromm seine eigene Fabrik bauen und stellt mehr als 500 Mitarbeiter ein. Er wirbt mit der doppelt geprüften Sicherheit der Kondome, denen er seinen eigenen Namen gibt: »Fromms Act«. In den Prüfräumen sitzen die Angestellten an langen Tischreihen, testen jedes Kondom einzeln und geben es dann an die zweiten Prüfer weiter.

Die Kondome aus Köpenick sind nahtfrei, hauchdünn und finden einen reißenden Absatz: In den 1930er Jahren gibt es bereits mehrere Außenstellen in anderen Städten im In- und Ausland. Die eigentliche Revolution aber ist, dass Julius Fromm Werbung für ein Produkt macht, über das sich eigentlich niemand laut zu sprechen traut: Präservative wurden im Allgemeinen aus Tierdärmen, Fisch- oder Gummiblasen genäht und gelten nach wie vor als verrufen, teuer – und unsicher.

Doch das ändert sich jetzt sozusagen über Nacht: »Wenn's euch packt – Nehmt Fromms Act« prangt von den Plakaten in der Stadt – und das passt bestens zu dem Lebensgefühl der neuen Generation. Aber auch an alle anderen ist gedacht: In den Kondompackungen liegt ein kleiner Zettel, den man, wenn der Inhalt aufgebraucht ist, in der Drogerie über den Ladentisch schieben kann: »Bitte händigen Sie mir diskret aus 3 Stück *Fromms Gummi*«, steht drauf.

Adresse Friedrichshagener Straße 8a, 12555 Berlin-Köpenick | ÖPNV Bus 269, Haltestelle Bellevuepark | Und heute Exklusive Neubau-Wohngruppen sprießen in und um alte Fabrikanlagen aus dem Boden. Die schöne Bauhaus-Fabrik steht leider nicht mehr.

51 Die Kongresshalle

Eine Ohrfeige gegen das Schweigen

Als Kurt Georg Kiesinger 1966 Bundeskanzler wird, ist Beate Klarsfeld fassungslos. Schließlich war Kiesinger in den 1940er Jahren NSDAP-Mitglied und in dieser Zeit stellvertretender Abteilungsleiter im Auswärtigen Amt. Die 29-jährige Journalistin fühlt sich verantwortlich: Alle sollen die Wahrheit über die Vergangenheit des neuen Kanzlers erfahren. Im April 1968 ruft sie Kurt Kiesinger von der Zuschauertribüne des Bundestags zu: »Nazi, tritt zurück!« – sie wird abgeführt.

Ein halbes Jahr später, am 7. November 1968, schleust sich die junge Frau mit den kurzen Haaren und den klaren dunklen Augen bei dem Parteitag der CDU im Berliner Kongresszentrum ein. Unter einem Vorwand gelingt es ihr, bis nach vorn auf das Podest zu gelangen – wo sie, ohne zu zögern, Kurt Kiesinger mit dem Ruf »Nazi, Nazi!« eine schallende Ohrfeige verpasst. In einem Schnellverfahren wird Klarsfeld noch am gleichen Abend zu einem Jahr Gefängnis verurteilt, im Berufungsverfahren, als sich die Wogen ein wenig geglättet haben, kann sie eine Bewährungsstrafe durchsetzen.

Wieder in Paris, wo sie mit ihrem Mann lebt, bekommt sie roteRosen der Anerkennung von Heinrich Böll und eine Karte von Marlene Dietrich, die ebenfalls ihre Bewunderung ausdrückt. Eine öffentliche Stellungnahme von Kiesinger gibt es nicht, dafür wird die Ohrfeige zum Symbol für den Konflikt zwischen den Generationen.

Beate Klarsfeld und ihr Mann Serge, dessen Vater im KZ Auschwitz umgebracht wurde, verfolgen in den nächsten Jahren NS-Täter auf der ganzen Welt. Ohne ihren Einsatz wären vermutlich Klaus Barbie, der ehemalige Gestapo-Chef von Lyon, und Gestapo-Chef Kurt Lischka nie für ihre Taten zur Rechenschaft gezogen worden. Die Methoden von Beate Klarsfeld verraten ihren unerbittlichen Wunsch nach Gerechtigkeit: Lischka wird kurzerhand entführt – und Klaus Barbie folgt sie bis nach Bolivien, wo sie sich vor seinem Büro in La Paz ankettet.

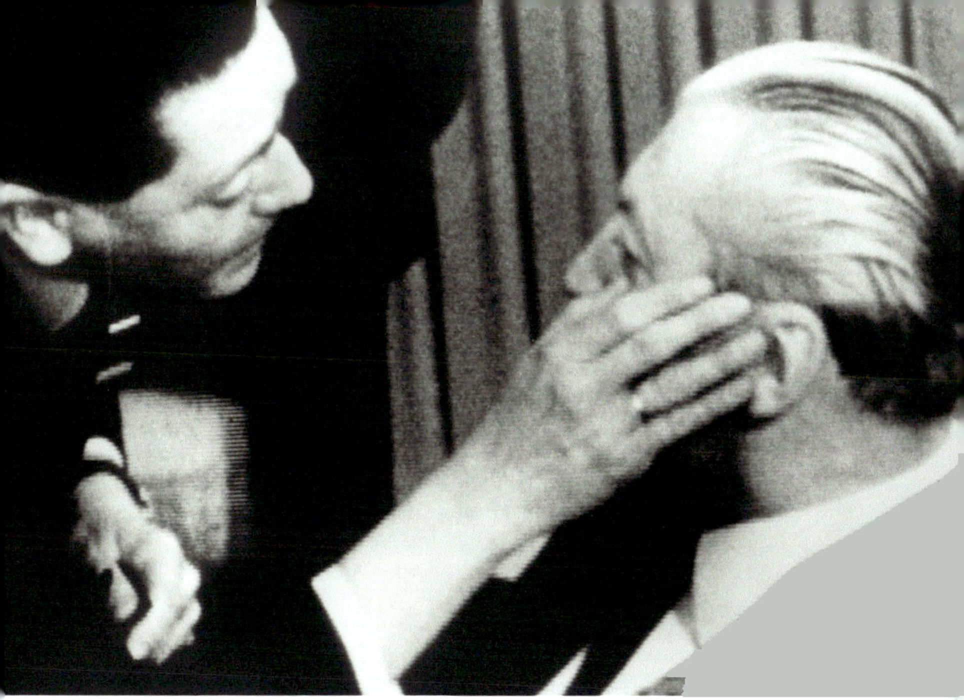

Bild Kurt Georg Kiesinger kurz nach der Ohrfeige | **Adresse** John-Foster-Dulles-Allee 10, 10557 Berlin-Tiergarten | **ÖPNV** U55, Haltestelle Bundestag; Bus 100, Haltestelle Haus der Kulturen der Welt | **Und heute** Das Haus der Kulturen der Welt ist eine der wichtigsten Kultur-Veranstaltungsstätten der Stadt – mitten im grünen Tiergarten.

52 Das Königstor

Der Boom des preußischen Sprits

Eigentlich hat er es schon vorher gewusst: Das Leben eines Kaufmanns ist nicht das richtige für ihn. Johann Heinrich Leberecht Pistorius führt zwar 1816 ein eigenes Geschäft am Stadtrand in der Nähe des Königstors, aber seine wahre Leidenschaft ist die Chemie. An den Abenden besucht er wissenschaftliche Vorträge, und tagsüber experimentiert er in seinem Laden mit verschiedenen Destillationsmethoden. Für seine Versuche nimmt Leberecht Pistorius das, was er draußen auf den Feldern rechts und links des Königstors zuhauf findet: Kartoffeln.

Aber dann ist Leberecht Pistorius Kaufmann genug, sofort das Patent für seinen fertigen Apparat einzufordern – denn was er da gebaut hat, da ist er sich sicher, das wird die Landwirtschaft in Brandenburg revolutionieren. Und damit soll er recht behalten: Der »Pistoriussche Brennapparat« macht es möglich, günstig und unkompliziert hochprozentigen Schnaps herzustellen: Kartoffelschnaps. Es ist kaum zu glauben: Es scheint wirklich etwas zu geben, das auch im märkischen Sandboden gedeiht – und gute Aussichten für einen Absatzmarkt hat.

Die kleine Landstraße, die hinter dem Königstor durch die Ausläufer der Wollankschen Weinberge, durch endlose Sandebenen bis nach Bernau führt, wird mit einem Mal zu einer viel befahrenen Handelsstraße, umgeben von endlosen Kartoffeläckern – und schon bald qualmt der Rauch aus den unzähligen Schornsteinen der Bren-nereien. »Die Brennerei macht Freude« – der glückliche Ausruf eines wohlgemuten Gutsherrn wird zu einem geflügelten Satz in der Umgebung. Berlin ist Metropole des Spiritushandels geworden. Leberecht Pistorius kann von seinem Haus aus beobachten, wie die Kartoffeln durch das Königstor zu den Brennereien eingebracht werden – und die Schnapsfässer durch das Stadttor hinaus in die Welt fahren. Und er ist zufrieden. Er kauft sich das Rittergut Weißensee – und baut auf seinem Land Kartoffeln an.

Adresse Otto-Braun-Straße/Am Friedrichshain, 10249 Berlin-Friedrichshain | **ÖPNV** Tram M4, Bus 142, 200, Haltestelle Am Friedrichshain | **Und heute** Das alte Tor steht nicht mehr, und die Stadt ist hier heute auch noch lange nicht zu Ende.

53 Das Kriminalgericht Moabit

Das blonde Gift

Auch Paul Regensburger erscheint am 20. Juni 1957 in Raum 500 des Moabiter Kriminalgerichts. Er sagt aus: Es war mitten im Krieg, da habe ihn die Angeklagte Stella Kübler auf dem Kurfürstendamm angesprochen und über großen Hunger geklagt. Er habe Mitleid bekommen und sie in ein Café eingeladen. Sie sagte, sie sei Jüdin und untergetaucht. Darauf erwiderte er, dass auch er Jude sei. Er habe sich nichts gedacht, als sie dann aufgestanden sei, um zu telefonieren. Als sie zum Tisch zurückkam, verabschiedete sie sich hastig. Es dauerte nur wenige Minuten, bis die Gestapo in das Restaurant stürmte und Paul Regensburger verhaftete.

Stella Kübler war eine »Greiferin«, eine Jüdin, die andere Juden in ihren Verstecken suchte – und an die Gestapo verriet. Und Stella Kübler war erfolgreich. Die Staatsanwaltschaft geht von mehreren hundert Juden aus, die durch ihren Einsatz festgenommen und deportiert wurden. Ihren Erfolg verdankte sie bestimmt auch ihrem blonden, beinahe engelhaften Äußeren. Aber fest steht, dass sie eine besonders skrupellose Fahnderin war.

Ein weiterer Zeuge ist Moritz Zajdmann. Er war mit seiner Schwester und den Eltern in der Staatsoper Unter den Linden. Viele untergetauchte Juden trauten sich hin und wieder hierher. Die Familie saß verstreut im Publikum, nach der Vorstellung aber kam sie im Foyer zusammen. Da schlug das »blonde Gift«, wie Stella Kübler genannt wurde, zu – und die ganze Familie wurde abgeführt.

14 Jahre später im Gerichtssaal gibt sie sich kühl. Sie bezeichnet sich als Opfer in den Fängen der Gestapo. Diese hatte Kübler versprochen, ihre Eltern zu verschonen, wenn sie für sie arbeite. Stella Kübler erhielt schon von der sowjetischen Besatzermacht zehn Jahre Lagerhaft – und wird vom Landesgericht aufgrund der Aussagen vom 20. Juni 1957 erneut verurteilt. Eine Haftstrafe muss sie nicht noch einmal absitzen.

Mit 72 Jahren wird sich Stella Kübler das Leben nehmen.

Adresse Turmstraße 91, 10559 Berlin-Tiergarten | ÖPNV U9, Haltestelle Turmstraße; Bus 123, 187, Haltestelle Turmstraße/Rathenower Straße | Und heute Das gewaltige Treppenhaus des Amtsgerichts Tiergarten erfüllt seinen Zweck: Es imponiert. Jeden Tag gibt es an die 100 öffentliche Verhandlungen in den Gerichtssälen.

54 Das Kulturbüro Mitte

In Zeiten der Zwischenraumnutzung

Die Grenze ist offen, und auf einmal ist alles möglich. In Mitte stehen unzählige Läden, Betriebe und Kleinfabriken leer. Niemand kann sagen, was hier passieren wird. Aber es gibt zwei Frauen, die nicht abwarten wollen, bis irgendjemand irgendwo eine Entscheidung trifft: Es sind Dolly Leupold vom Kulturamt Mitte und Jutta Weitz von der Wohnungsbaugesellschaft Mitte (WBM). Sie vermitteln die leer stehenden Räume für eine bestimmte Zeit.

Oftmals fehlen Strom- und Wasseranschluss, aber mit Generatoren, alten Sofas und einer selbst gebauten Bar entstehen über Nacht in den Garagen und Dachgeschossen, in den Höfen und Kellerwohnungen von Mitte kleine Ateliers, Clubs oder Ausstellungsräume.

Der Einfachheit halber und weil es oft schnell geht, werden viele Bars nach den Wochentagen benannt, an denen sie öffnen. Und wenn die Montagsbar plötzlich zugemacht hat und die Dienstagsbar wieder einmal umgezogen ist, dann stolpert man vielleicht zufällig in die gerade eröffnete Donnerstagsbar.

»Wir haben einfach gemacht, was wir beide für richtig hielten«, wird sich Dolly Leupold später erinnern. Jutta Weitz verwaltet Gewerberäume im Bezirk – und ringt dem Bezirksamt in nächtelangen Verhandlungen Räume für ihre Antragsteller ab. Und Dolly Leupold kennt sich mit Förderanträgen und Finanzierungskonzepten aus. Dass sie zusammenarbeiten müssen, wird ihnen schnell klar. Mit der selbst organisierten gemeinsamen Donnerstagssprechstunde im Kulturbüro Mitte verkürzen sie nicht nur die Dienstwege – sondern schaffen vor allem auch Platz für das Persönliche. Und das spricht sich herum: Die Sprechstunde ist immer voll.

2007 werden Dolly Leupold und Jutta Weitz eine Ausstellung über die verschwundenen Orte der Nach-Wendezeit in Mitte mit organisieren: »Wir werden es gemacht haben können« – ein guter Titel für zwei, die sich sicher sind, das Richtige getan zu haben.

Adresse Rosenthaler Straße 51, 10178 Berlin-Mitte | ÖPNV S5, S7, S75, Haltestelle Hackescher Markt; U8, Haltestelle Weinmeisterstraße; Tram M1, Haltestelle U Weinmeisterstraße/Gipsstraße | Und heute Häuser und Läden sind saniert und renoviert, und Miete wird bestimmt auch bezahlt. Die Zwischenraumnutzung floriert in Berlin noch immer – aber in anderen Bezirken.

55 Die Künstlerkolonie

Die Konvois vom »Roten Block«

Die geräumigen Wohnungen sind äußerst komfortabel: Sie liegen im gutbürgerlichen Südwesten der Stadt, die Mieten sind günstig, und das Zentrum ist mit der U-Bahn schnell zu erreichen. Schriftstellerverband und Bühnengenossenschaft lassen 1927 die drei Häuserblocks für ihre Mitglieder bauen. Geplant für ungefähr 300 Familien, leben im Jahr 1933 bereits bis zu 3.000 Menschen hier. Zu den Schriftstellern, Musikern und Theatermachern kommt bald noch eine weitere Gruppe hinzu: Politische. Die Künstlerkolonie wird Zufluchtsort für alle Andersdenkenden im immer brauner werdenden Berlin. Wie von einer Festung herab wehen hier die roten Fahnen aus den Fenstern und von den Dächern.

»Für Freiheit, Arbeit, Brot – der Künstlerblock bleibt rot!« – Noch zur Reichstagswahl am 5. März 1933 hängen die Flugblätter an den Bäumen und Laternenpfählen in der ganzen Umgebung. Im »Roten Block« leben unter anderem Ernst Busch, Ernst Bloch, Erich Weinert und Sebastian Haffner. Man ist im Wohnblock der festen Überzeugung, dass der Faschismus zu besiegen ist, wenn alle zusammenhalten. Und als die Bewohner aus der Künstlerkolonie immer häufiger von SA-Gruppen provoziert und überfallen werden, gründen sie 1932 einen »antifaschistischen Schutzbund«: Für die Selbstverteidigung werden Waffen eingesammelt, mit Wasser gefüllte Weinflaschen stehen als Wurfgeschosse aufgereiht auf den Fensterbänken, Wachposten lösen sich ab. Doch es wird immer gefährlicher. Abends lauern SA-Trupps den Bewohnern aus der Künstlerkolonie an den U-Bahnhöfen auf. Um sich gegenseitig zu schützen, erfinden die Kolonisten die ersten Konvois: Bewaffnete Geleittrupps holen die Heimkehrer abends von bestimmten Zügen am U-Bahnhof ab.

Nach Hitlers Machtergreifung verlassen die meisten Kolonisten nach einer Großrazzia das Land, andere bleiben – und organisieren im Viertel Widerstandsgruppen.

Bild Razzia in der Künstlerkolonie | **Adresse** Ludwig-Barnay-Platz, 14197 Berlin-Wilmersdorf | **ÖPNV** U3, Haltestelle Breitenbachplatz; Bus 101, 248, 282, Haltestelle U Breitenbachplatz | **Und heute** Der Findling auf dem Platz erinnert an die politisch Verfolgten der Künstlerkolonie, die Namen auf den Tafeln an den einzelnen Häusern sind fast alle bekannt.

56 Das Laboratorium

Alchimist wider Willen

Man kann sich gut die ungläubigen Gesichter all der namhaften Wissenschaftler vorstellen, als Professor Adolf Miethe im Juli 1924 vor ihren Augen den Versuch wiederholt: Unter der Wirkung elektrischer Ladung gewinnt er Gold aus Quecksilber. Adolf Miethe genießt einen Ruf als angesehener Wissenschaftler. Er hat das erste Teleobjektiv konstruiert und die Dreifarbenfotografie entwickelt. Und ihm ist sehr wohl bewusst, wie brisant dieses zufällige Ergebnis aus seinen Untersuchungen mit den Quecksilberlampen ist: Wenn es erst mal die Kollegen wissen, dann wird es nur eine Frage der Zeit sein, bis die Presse es von den Titelseiten posaunt: Alchimist stellt Gold her! Das darf nicht passieren, dann wäre es um seinen Ruf geschehen. Deshalb bestellt der Fotochemiker, noch bevor er die Kollegen ins Laboratorium einlädt, die Reporter der Berliner Zeitungen zu sich – und verkündet, dass dieses Verfahren gänzlich unrentabel sei, so klein seien die Goldspuren, die man nachweisen kann. Daher wäre das Ergebnis vor allem als Meilenstein in der Forschung zu bewerten, kurzum: Es dürfe jetzt kein Tamtam geschlagen werden.

Natürlich wird es trotzdem zur Sensation. Aber was noch viel schlimmer ist: Seine Kollegen an Institut und Hochschule bezweifeln, ja belächeln nicht nur das Ergebnis, sie werfen Miethe ein »reklamesüchtiges« Verhalten vor, welches der Wissenschaft schade. Eine Untersuchungskommission wird einberufen und erklärt schließlich das Ergebnis des Professors als eine bloße Verunreinigung. Ein geringer Trost ist es für ihn, dass die Kommission nur Mutmaßungen verkündet. Eine davon lautet, es sei doch sehr wahrscheinlich, dass der Professor während des Versuchs immer wieder seine goldgerahmte Brille angefasst habe – und so die Goldpartikel in das Quecksilber gelangt seien. Dass es aber Gold war im Quecksilber, das vorher noch nicht da gewesen war – das kann niemand widerlegen.

Adresse Straße des 17. Juni 135, 10623 Berlin-Charlottenburg | ÖPNV U2, Haltestelle Ernst-Reuter-Platz; Bus M45, X9, 245, Haltestelle Ernst-Reuter-Platz | Und heute Campusstimmung herrscht um das Hauptgebäude der TU – gegenüber im Café Nero vor der Bibliothek kann man gut essen, und der Kaffee schmeckt.

57 Die Ladenwohnung

Käthe Be at home

In der Rosenthaler Straße bleiben die Menschen stehen. Sie schauen durch das Schaufenster und sehen Käthe Be zu. Sie sehen zu, wie er schläft, aufwacht, liest, sich anzieht. Auf den Bildschirmen sehen sie, wenn er sich duscht oder in der Küche kocht. Manchmal müssen sie mit ihren Blicken erst den ganzen Raum absuchen, bis sie ihn finden, ein bisschen wie vor einem Tiergehege. Aber es passt hierher. Im Sommer 1995 gibt es viel zu entdecken in den Läden rund um den Hackeschen Markt.

Als eine Freundin ihm erzählt, sie fühle sich nur in ihrem Badezimmer wohl, wo sie niemand sehen könne, kommt der Künstler auf die Idee, einmal das Gegenteil auszuprobieren. Für 400 Mark mietet Käthe Be die Wohnung am Hackeschen Markt, wo er garantiert rund um die Uhr und bei allem, was er tut, den Blicken anderer ausgesetzt ist. Was er wahrscheinlich nicht erwartet hat: Für die Menschen wird sein Alltag zur Attraktion, sie sind geradezu entzückt, wenn er eine Schallplatte auflegt oder gähnt – und wenn er duscht, macht sich gar eine gewisse Aufregung vor dem Schaufenster bemerkbar.

Käthe Be hat in Westberlin eine Kunst mit etabliert, die ausprobiert und sein darf, ohne sich erklären zu müssen. Er verkauft mit Flüssigkeit gefüllte Postkarten, führt das Kreuzberger Fischlabor, wo er Lieder vorträgt – oder auch mal aus seinem Adressbuch vorliest. Seine Kunst ist nicht kalkuliert, sondern immer Teil einer Begegnung. Und darin bleibt sich Käthe Be treu, auch, als sich die Welt um ihn herum schon längst verändert hat. Am 11. September 2011 will Käthe Be ein großes Puzzle zusammenflicken. Es zeigt ihn selbst mit einer Kerze auf dem Kopf vor den Twin Towers. Es soll möglichst wieder an einem Ort gepuzzelt werden, wo viele zusehen können. Doch in Mitte findet er keinen Raum mehr für das Projekt, die Kunst ist hier bereits verschwunden aus der Wahrnehmung, die Läden sind alle vermietet.

Adresse Rosenthaler Straße 40, 10178 Berlin-Mitte | ÖPNV S5, S7, S75, Haltestelle Hackescher Markt; Tram M1, M4, M5, Haltestelle S Hackescher Markt | Und heute Aus dem Innern der neuen Läden hat man denselben Blick auf die Straße wie damals Käthe Be von seinem Bett.

58 Die Lange Brücke

Vernagelte Kanonen

Sie werden immer mehr und zeigen sich immer offener, die Bündnisse, die schon seit einiger Zeit im Geheimen gegen die französischen Besatzungstruppen geschlossen werden. Als dann im Frühjahr 1813 Napoleons Armee von den Russen geschlagen wird, sieht man, wie sich auf den Straßen die ersten freiwilligen Truppen bilden, bewaffnet mit allem, was sie auftreiben können: Degen, Spieße, Pistolen oder einfache Werkzeuge. Prinzessin Marianne von Preußen hat alle Frauen aufgefordert, ihren Goldschmuck abzugeben und damit Preußens Widerstand gegen Frankreich zu finanzieren. Als Gegenstück erhält jede eine Eisenbrosche oder einen Ring mit dem einschlägigen Slogan: »Gold gab ich für Eisen«.

Aber noch sind Napoleons Soldaten in Berlin in der Überzahl – und viel besser bewaffnet. Da kommt es auf der Langen Brücke zu einem blutigen Zusammenstoß. In der Mitte der Brücke stehen zwei französische Kanonen. Eine Gruppe Handwerker erreicht die Lange Brücke von der Breiten Straße her. Ein Grobschmied führt den Trupp an, er schwingt einen großen Hammer und ruft: »Lasst uns die Kanonen vernageln.« Ohne zu zögern, schlägt er die beiden ersten französischen Kanoniere mit seinem Hammer zu Boden, die anderen fliehen über die Brücke, als die Handwerker auf sie einschlagen. Der Schmied zieht zwei Radnägel aus der Tasche und schlägt sie in die Zündlöcher der Kanonen. Da kommt von der anderen Brückenseite französische Verstärkung. Der Schmied stellt sich den anrückenden Franzosen entgegen, einige sinken noch von seinem Hammer getroffen zu Boden, bevor er von insgesamt zehn Bajonetten niedergestochen wird.

Auch wenn die französischen Soldaten die Lange Brücke noch einmal verteidigen konnten, sie ahnen bereits: Lange werden sie dem Druck der Bevölkerung und der anrückenden russischen Verstärkung nicht mehr standhalten können. Napoleons Tage in Berlin sind bereits gezählt.

Adresse Rathausbrücke, 10178 Berlin-Mitte | ÖPNV S5, S7, S75, Haltestelle Alexanderplatz (circa 1 Kilometer Fußweg); U2, Haltestelle Klosterstraße (circa 500 Meter Fußweg); Bus TXL, 100, 200, Haltestelle Lustgarten; Bus 147, Haltestelle Neumannsgasse | Und heute Aus der kleinen Holzbrücke, die 1307 Cölln und Berlin verband, wurde die Lange Brücke, später Kurfürstenbrücke. Heute heißt die neu gebaute Brücke an gleicher Stelle Rathausbrücke.

59 Die Laube

Wo sich Hans Rosenthal versteckte

Im jüdischen Waisenhaus werden die Kinder immer weniger. Obwohl niemand wirklich weiß, wohin die Transporte in den Jahren 1942 und 1943 gehen, beschleicht den 18-jährigen Hans Rosenthal eine Todesangst. Wie durch ein Wunder gelingt ihm die Flucht. Doch wohin jetzt? Da fällt ihm Frau Jauch ein. Oft hat er die geschneiderten Kleider seiner Tante Elsa nach Lichtenberg in die Laube gebracht, wo Frau Jauch sie dann verkaufte.

Am 27. März 1943 klingelt Hans Rosenthal an dem kleinen Häuschen in der Kolonie »Dreieinigkeit«, und Ida Jauch, eine kleine, zierliche Frau mit grauem Haar, öffnet die niedrige Tür. Ob er neue Kleider bringe, fragt sie ihn freundlich. Hans Rosenthal weiß, was auf dem Spiel steht, für beide. Er verhaspelt sich, weiß nicht, wie er es sagen soll, wie er die Bitte am besten formuliert: »Ich muss mich verstecken«, platzt er heraus. Und Ida Jauch überlegt nicht lange. Hans Rosenthal darf bleiben. Die Laube besteht aus einem Raum, der als Laden genutzt wird – und einem kleinen Verschlag mit Liege dahinter. Die Tür ist durch die überlappende Tapete darüber kaum zu erkennen. Das ist jetzt sein Versteck. Raus darf er nicht, nicht einmal, um zu dem kleinen Toilettenhäuschen am Ende des Gartens zu gehen. Nur wenn nachts die Sirenen in Berlin vor den Fliegerangriffen warnen und alle anderen in den Bunkern Schutz suchen, kann Hans Rosenthal an die Luft. Dann legt er sich auf die Wiese im Schrebergarten und hofft, dass diese Bomben dem Nazideutschland endlich ein Ende bereiten.

Als das Essen immer knapper wird, werden auch die beiden Nachbarinnen Emma Harndt und Maria Schönebeck eingeweiht. Es sind diese drei Frauen, die Hans Rosenthal nie vergessen wird – nicht als Rundfunkmoderator nach dem Krieg und nicht, als er Jahre später unter anderem mit seinem Luftsprung und dem Ausruf »Das war spitze!« in der Sendung »Dalli Dalli« Deutschlands berühmtester Showmaster ist.

Adresse Bernhard-Bästlein-Straße (zwischen Weißenseer Weg und Vulkanstraße), 10367 Berlin-Lichtenberg | ÖPNV Tram M13, 16, Haltestelle Landsberger Allee/Weißenseer Weg | Und heute Die Kleingartensiedlung »Dreieinigkeit« gibt es nicht mehr. Die anonyme Wohnanlage kommt scheinbar ohne Gärten aus.

60 Das Lehrter Zellengefängnis

Die letzte Hinrichtung

Es ist der 11. Mai 1949. Noch vor Sonnenaufgang wird der Gefängnisinsasse Berthold Wehmeyer, ein 24-jähriger Schlosser, aus seiner Zelle in ein Nebengebäude geführt. Dort liest der Staatsanwalt das Urteil noch einmal vor: Wegen Raub, Mord und Vergewaltigung wird der Berliner Berthold Wehmeyer zum Tode verurteilt. Weiter verliest der Staatsanwalt, dass die Alliierten den Begnadigungsantrag abgelehnt haben und der Vollstreckung der Todesstrafe im Fall Wehmeyer zustimmen. Dann wird der schwarze Vorhang in der Mitte des Raumes zurückgezogen. Dahinter steht die Guillotine, die, so sagt man, Napoleon einst während der Besatzung nach Berlin bringen ließ und mit deren Fallbeil angeblich schon Danton und Robespierre geköpft worden sind.

Sicher ist jedenfalls, dass Berthold Wehmeyer der Letzte ist, der von dieser Guillotine im Zellengefängnis von Moabit hingerichtet wird. Nur einen Tag nach der Vollstreckung stimmen die westlichen Alliierten dem neuen Grundgesetz zu. Die Todesstrafe ist damit in Westdeutschland abgeschafft.

Elf Tage später, am 23. Mai 1949, tritt das Grundgesetz in Kraft. Auch in Westberlin. Hier allerdings nur unter Vorbehalt. Denn die Westsektoren der Stadt unterliegen auch weiterhin der Aufsicht der Besatzungsmächte. Es wird zwar im Januar 1951 auch ein Gesetz erlassen, dass keine Todesstrafen mehr verhängt und durchgeführt werden dürfen – aber in der von der Alliierten Kommandantur verabschiedeten Verordnung Nr. 511 behalten sich die Westmächte vor, auf »Verbrechen gegen alliierte Interessen« auch weiterhin in Westberlin Personen zum Tode verurteilen zu dürfen. Sie werden diesen Abschnitt des Besatzungsrechtes zwar nie anwenden, aber sie schaffen ihn auch nicht ab.

Und so steht die Guillotine bis zur deutschen Wiedervereinigung im Keller des Kriminalgerichtes in Moabit – und wird jedes Jahr einmal auf ihre Funktionstüchtigkeit überprüft.

Adresse Lehrter Straße/Invalidenstraße, 10557 Berlin-Tiergarten | ÖPNV S5, S7, S75, U55, Haltestelle Hauptbahnhof; Tram M1; Bus M41, M85, 142, 147, Haltestelle S+U Hauptbahnhof; Bus TXL, 120, 123, 245, Haltestelle Lehrter Straße/Invalidenstraße | Und heute Von dem Gefängnis stehen nur noch Mauerreste und drei Wärterhäuser. Ein Geschichtspark erinnert an die unmenschlichen Bedingungen in den Zellen am Lehrter Bahnhof.

61_Das Lenné-Dreieck

Fünf Wochen Anarchie

Der Sommer 1988 ist heiß. Und seit der Westberliner Senat im Frühjahr die Pläne für eine mehrspurige Autobahn entlang des Tiergartens vorgelegt hat, regt sich Widerstand in der Stadt. Auf dem Lenné-Dreieck, einem über die Jahre entstandenen Biotop direkt an der Mauer, versammeln sich Naturschützer und Linke, um gegen den Autobahnbau zu protestieren. Die Ersten schlagen ein Zelt auf. Zur gleichen Zeit verhandelt Westberlin mit Ostberlin, es geht um eben dieses Brachland an der Mauer: Das Lenné-Dreieck gehört nämlich, obwohl es im Westen liegt, zu Ostberlin. Schließlich wird ein Gebietstausch vereinbart, Übergabetermin ist der 1. Juli.

Draußen vor Ort ist aus dem Zeltlager inzwischen ein Hüttendorf mit über 30 festen Behausungen geworden, eine kleine Küche versorgt alle mit Essen, aus den Büschen ragt eine Piratenfahne. Es werden immer mehr – denn es hat sich schnell herumgesprochen: Die Westberliner Polizei hat keine Zugriffsrechte auf diesem Stück DDR jenseits der Mauer. Präsent ist sie dennoch. Von der Straße schießt es hin und wieder Wasser aus Wasserwerfern auf die Zeltdächer. Zurück fliegen Pflastersteine. Es geht schon längst nicht mehr um Umweltschutz oder Verkehrsplanung, Gräben werden ausgehoben und Schutzwälle errichtet.

Und dann kommt der 1. Juli, der Tag, an dem das Lenné-Dreieck an Westberlin übergeht. Kurz nach Sonnenaufgang rücken neun Hundertschaften an, um das besetzte Gebiet zu räumen. Über Lautsprecher fordert die Polizei die »Landnehmer« auf, das Dreieck zu verlassen. Die meisten kommen dem Befehl nach, wenn auch nicht ganz so wie erwartet: Etwa 182 Besetzer klettern über selbst gezimmerte Leitern und aufgetürmte Metallgitter, bepackt mit Rucksäcken, Hunden und Fahrrädern – über die Mauer nach Ostberlin. Auf der anderen Seite helfen die ehemaligen Besitzer des Lenné-Dreiecks und bringen die Protestler auf Lastwagen zum nächsten Grenzübergang.

Adresse Lennéstraße/Ebertstraße, 10785 Berlin-Tiergarten | **ÖPNV** S1, S2, S25, U2, Haltestelle Potsdamer Platz; Bus M41, M48, M85, 200 S+U Potsdamer Platz | **Und heute** Zwischen Tiergarten, Potsdamer Platz und Holocaust-Denkmal kann man dem Pflastersteinstreifen, der den Verlauf der Mauer zeigt, gut folgen.

62 Die Leuchtschriftanlagen

Erste Grenz-Querelen

2.000 Glühbirnen leuchten auf einer Werbetafel an einem grauen Oktobertag 1950 zum ersten Mal über den Grenzübergang Richtung Osten und geben die Nachrichten der Freien Berliner Presse wieder. Auf der anderen Seite der Grenze lässt man dies nicht lange unbeantwortet – und errichtet ebenfalls eine Leuchtschriftanlage, direkt vor der Westtafel, um so das verschmähte Leuchtfeld auf der anderen Seite zu verdecken. Auch die Ostaufschrift leuchtet: »Der kluge Berliner kauft bei der HO.«

Der Kampf der zwei Leuchtschriftanlagen am Grenzübergang Potsdamer Platz wird noch einige Zeit andauern, immer wieder wird die Konstruktion der einen Seite erhöht oder wieder gekürzt, sobald die andere Seite nachgezogen hat. Die Leuchttafel der Ostregierung kann zwar kaum verhindern, dass die Westnachrichten gelesen werden, zumal die Grenzen in der Stadt ja nach wie vor offen sind – der Werbespruch der Ostdeutschen Handelsorganisation (HO) trifft aber einen sehr empfindlichen Nerv: Da die Lebensmittel in den Ostberliner HO-Geschäften sehr viel günstiger sind, wechseln viele Westberliner zum Einkaufen die Sektorengrenze – obwohl das offiziell verboten ist.

Ganz besonders zu spüren bekommen dies die Bäcker in Westberlin. Die Brotfabriken müssen mehr und mehr Angestellte entlassen. Sie fordern eine Subvention von Westberliner Getreideprodukten, um die Preise senken zu können. Der »Bäckerkonflikt« erreicht seinen Höhepunkt, und die Bäcker im Westen markieren ihre Brote und Brötchen mit einem W – damit die illegale Ostware an den Grenzkontrollen leichter zu erkennen ist. Westberlin versucht, mit politischen Appellen dem Preisdumping aus dem Osten entgegenzuwirken, Plakate und Slogans von »Herrn Schimpf« und »Frau Schande«, die im Osten einkaufen, zeigen aber so gut wie keinen Erfolg – auch nicht auf der imposanten Leuchttafel am Potsdamer Platz.

Adresse Bellevuestraße/Potsdamer Platz, 10785 Berlin-Tiergarten | ÖPNV S1, S2, S25, U2, Haltestelle Potsdamer Platz; Bus M41, M48, M85, 200, Haltestelle S+U Potsdamer Platz | Und heute Ein paar Zahlen: Nach der Wende haben 450 Architekten, 100 Baufirmen und bis zu 4.000 Bauarbeiter gleichzeitig aus 1,7 Millionen Tonnen Beton in acht Jahren den Potsdamer Platz neu gebaut.

63 Die Lohmühleninsel

Last Exit Westberlin

Es ist nicht viel los auf der Spree an diesem Freitagmorgen im Juni 1962. Da taucht der Ausflugsdampfer »Friedrich Wolf« im Grenzgebiet vor der Oberbaumbrücke auf. Das zuständige Grenzboot stoppt das Schiff und kontrolliert die Papiere: Alles scheint in Ordnung, der Dampfer darf in das Sperrgebiet einfahren – er ist im Osthafen zur Inspektion angemeldet.

Doch was die Grenzsoldaten nicht ahnen: Sie sprechen nicht mit dem Kapitän der »Friedrich Wolf«, sondern mit Bootsmann Peter Currle. Während dieser die Papiere vorzeigt, liegen der Kapitän und der Erste Maschinist gefesselt in ihrer Kabine und können sich nicht rühren. Am Abend zuvor konnten einige Mannschaftsmitglieder den Kapitän und seinen Maschinisten überreden, nach der Rundfahrt noch gemeinsam ein Glas Wein auf dem Schiff zu trinken. Schiffskoch Jörg Lindner füllte die beiden ab, bis sie sich in ihre Kabinen zurückzogen. Später wurden sie von der Mannschaft gefesselt. Ungesehen konnten im Morgengrauen noch einige Angehörige auf das Schiff kommen, insgesamt sind sie jetzt 13 Personen und ein Baby – und bis jetzt läuft alles nach Plan. Nachdem das Grenzboot die Papiere durchgesehen hat, wird die Durchfahrt freigegeben, die Polizisten geben sich mit dem Satz des Kapitäns zufrieden: »Drehe gleich nach Steuerboard.« Doch als der Dampfer an der Lohmühleninsel vorbeikommt, schlägt der selbst ernannte Kapitän das Schiff mit der DDR-Flagge ganz hart nach Backboard, um mit voller Fahrt in den Landwehrkanal einzubiegen, auf das Westufer zu. Fast zeitgleich wird das Feuer auf den Ausflugsdampfer eröffnet, 138 Schüsse.

Doch diese können nicht mehr verhindern, dass die 13 Ostberliner samt Baby nun auf das Kreuzberger Ufer klettern. 20 Minuten später kehrt die »Friedrich Wolf« wieder auf die Spree zurück. Auf der Brücke stehen zwei mit einem Schlag ausgenüchterte Männer: der Kapitän und der Maschinist.

Bild Die »Friedrich Wolf«, 1962 | **Adresse** Lohmühleninsel, 10997 Berlin-Kreuzberg | **ÖPNV** U1, Haltestelle Schlesisches Tor; Bus 265, Haltestelle Heckmannufer | **Und heute** Im »Freischwimmer« und im »Club der Visionäre« lässt es sich gut aushalten, und auf der Insel steht die erste Berliner Tankstelle mit Raststätte.

64 Der Lustgarten

Das fremde Kraut

Prinzessin Luise Henriette von Oranien aus den Niederlanden ist eine zarte Frau – mit einer gewaltigen Willenskraft. Als sie 1646 nach ihrer Hochzeit mit Friedrich Wilhelm in Berlin ankommt, ist sie entsetzt: Preußens Hauptstadt ist am Ende des Dreißigjährigen Krieges vollkommen zerstört, nur rund 400 Familien haben diesen Krieg überlebt, der Lustgarten vor dem Schloss ist verwüstet und liegt unter Schutt begraben.

Luise Henriette zögert nicht lange – und lässt ihre Mitgift aus der Kutsche laden: Acht Tulpenzwiebeln hat ihr Vater dem Paar zur Hochzeit geschenkt. Jede einzelne ist eine Million Taler wert. Der Lustgarten wird auf ihren Befehl hin nach niederländischem Vorbild neu gestaltet und die kostbaren persischen Zwiebeln eingepflanzt. Tag und Nacht bewachen Soldaten das Tulpenbeet. Doch die Blumen überleben den kalten Berliner Winter nicht.

Eine andere Pflanze, auch ein Mitbringsel der niederländischen Flotten, erweist sich da als wesentlich robuster: die Kartoffelknolle. Diese scheint in dem Berliner Sandboden geradezu sensationell gut zu gedeihen. Doch die Berliner sind skeptisch. Wozu soll dieses Kraut gut sein? Man kann es nicht einmal in der Pfeife rauchen! Erst 100 Jahre später gelingt es dem Urenkel von Luise Henriette, die Brandenburger vom Kartoffelanbau zu überzeugen.

Die Berliner bleiben aber nach wie vor misstrauisch gegenüber der unbekannten Pflanze, die sie für wenig genießbar halten. 1756 reicht es Friedrich II. mit dem Starrsinn seiner Untertanen: Er lässt in Brandenburg großflächig Kartoffeln anpflanzen und von Soldaten bewachen. Die Soldaten sind sein Trick. Sie sollen sich schlafend stellen, während die Bauern die scheinbar so kostbare Frucht vom Feld holen, sie probieren und sich von dem Genuss der Kartoffel überzeugen. Im 19. Jahrhundert hat sie es schließlich geschafft, die blaublütige Pflanze: Sie ist zum Hauptnahrungsmittel der Preußen geworden.

Bild Friedrich Wilhelm und Gattin Luise Henriette inspizieren die erste Kartoffelernte. | **Adresse** Lustgarten, 10178 Berlin-Mitte | **ÖPNV** S5, S7, S75, Haltestelle Hackescher Markt; Bus TXL, 100, 200, Haltestelle Lustgarten | **Und heute** Die mächtige Granitschale im Lustgarten galt 1831 als kleines Berliner Weltwunder – sie wurde aus einem einzigen riesigen Findling geschlagen.

65 Die Lutzesche Schwimm- und Badeanstalt

Die Spreebademeister

Das Baden in den Flüssen ist nach wie vor streng verboten, es droht sofortiger Arrest. Nur einige Waschhäuser lassen sich hier und da am Flussufer finden. Aber General Ernst von Pfuel hat eine wahnwitzige Vision: Er möchte den Berlinern das Schwimmen beibringen. 1817 eröffnet er in einem umrandeten Becken in der Spree eine militärische Schwimm- und Lehranstalt.

Ernst von Pfuel hat sich eine eigene Methode ausgedacht. »Der Mensch ähnelt mit seinen schwimmrelevanten Körperteilen dem Frosch«, sagt er. Und indem der Mensch die Bewegungen des Frosches nachahmt, so von Pfuel, kann er auch im Wasser schwimmen. Nicht nur die Rekruten lernen das Pfuel'sche Brustschwimmen, immer mehr Berliner melden sich, um das »Diplom der Schwimmkunst« zu erhalten. Für das Abzeichen muss der Anwärter einmal quer über die Spree schwimmen – und wieder zurück.

Das Spreeschwimmen kommt in Mode, das Verbot ist längst aufgehoben – aber es bleibt ausschließlich ein Vergnügen für Männer. Das möchte Amalie Lutze ändern. Sie gehört einer Brüderschaft von Salzarbeitern bei Halle an, den Halloren. Die Halloren können alle schwimmen – auch die Frauen, denn nur so löst sich die hartnäckige Salzkruste von der Haut. Amalie Lutze eröffnet 1831 an der Moabiter Brücke die erste Badeanstalt für Frauen. Sie lässt in der Zeitung den »hochverehrten Damen« verkünden, dass die Flussbadeanstalt für Damen diesen Sommer öffnet. Die Komponistin Fanny Hensel kommt regelmäßig zum Schwimmen in der Spree. Sie schreibt an ihren Bruder Felix Mendelssohn Bartholdy: »Mein größtes Vergnügen ist jetzt alle Tage in der Spree zu baden, wozu nahe bei Moabit eine sehr hübsche Anstalt ist, in der auch Schwimmen gelehrt wird. Hier sieht man eine große Anzahl zum Theil recht hübscher Berlinerinnen als vollkommene Najaden plätschern, was sich allerliebst ausnimmt.«

Adresse Moabiter Brücke, 10557 Berlin-Tiergarten | **ÖPNV** S5, S7, S75, Haltestelle Bellevue; U9, Haltestelle Hansaplatz; Bus TXL, 245, Haltestelle Kirchstraße/Alt-Moabit, Bus 106, Haltestelle U Hansaplatz | **Und heute** Das Schwimmen in der Spree ist heute nicht mehr erlaubt – und nicht empfohlen. Vom Restaurantschiff Patio unter den Weiden kann man die Spree aber gut genießen.

66 Die Mahlsdorfer Trickfilmstudios

Der Wettlauf ums Gute-Nacht-Sagen

An einem Abend Anfang November 1959 klingelt das Telefon des Komponisten Wolfgang Richter. In der westdeutschen Fernsehzeitung »Hörzu« sei man auf eine Ankündigung gestoßen: Ein neues Format mit dem Namen »Das Sandmännchen« soll ab dem 1. Dezember jeden Abend um 18.55 Uhr beim SFB auf Sendung gehen. Also zur gleichen Zeit wie der tägliche »Abendgruß« des Deutschen Fernsehfunks in der DDR. Eine derartige Konkurrenz könne man nicht einfach so hinnehmen. Deshalb habe Autor und Bühnenbildner Gerhard Behrendt auch bereits eine Figur gebastelt, und in den Studios in Mahlsdorf würden zur Stunde schon die ersten Trickfilmaufnahmen gemacht. Für einen Titel hat man sich auch schon entschieden: UNSER Sandmännchen.

Und jetzt braucht die Sendung noch eine Melodie, wenn möglich einen Ohrwurm. Wolfgang Richter lässt sich den Text für das Lied durch das Telefon diktieren, und knapp drei Stunden später ist die Melodie fertig komponiert, die unverändert die DDR überleben wird – und die 50 Jahre später noch jedes Kind in Deutschland kennt. Und das, obwohl Richters Gute-Nacht-Lied, das unter so enormem Zeitdruck entstand, eigentlich erst mal nur als Notlösung gedacht ist.

Denn Eile ist geboten, wenn man dem westdeutschen Sandmännchen zuvorkommen möchte. Und dann, am 22. November 1959, bringt das ostdeutsche Sandmännchen den Kindern zum ersten Mal den Abendgruß, acht Tage vor seinem westdeutschen Konkurrenten. Mit freundlichem Gesicht, Ziegenbart und roter Mütze reist der Sandmann als einziger DDR-Bürger um die ganze Welt – und kommt jeden Abend in einem anderen Gefährt: Ob im modernen Traktor, der futuristischen Rakete oder der Straßenkehrmaschine – das Sandmännchen erreicht die Kinder eben überall – und wird sich auch nach der Wende gegen den West-Sandmann durchsetzen.

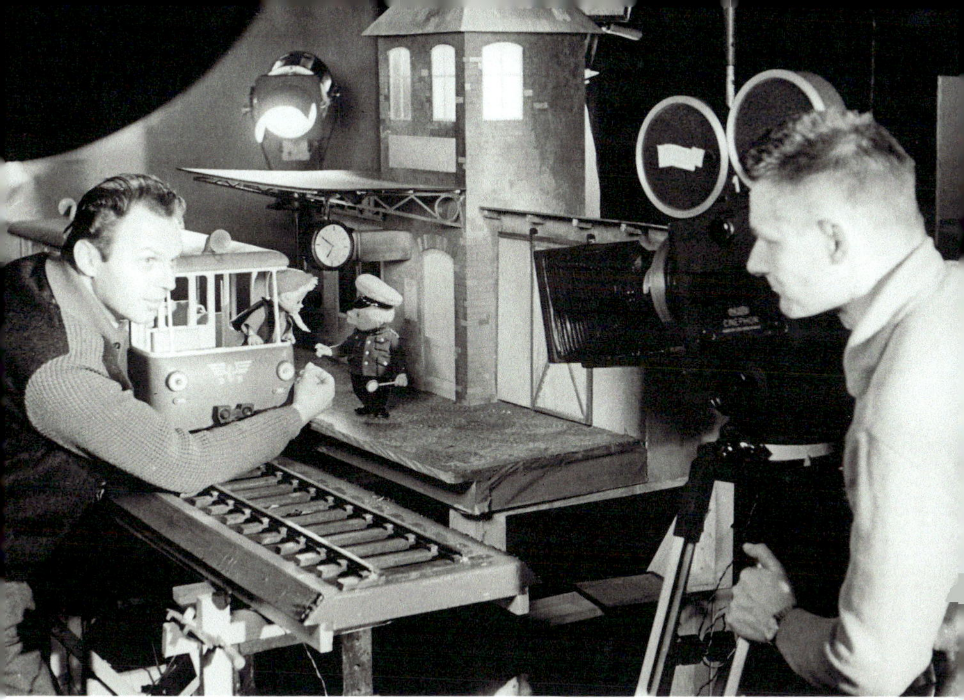

Bild Das Sandmännchen fährt S-Bahn, Gerhard Behrendt und der Kameramann Horst Walter. | **Adresse** Hultschiner Damm 146, 12623 Berlin-Mahlsdorf | **ÖPNV** Tram 62, Haltestelle Bruchsaler Straße | **Und heute** Großflächiger Aldi-Parkplatz, die Studio-Hallen wurden abgerissen, gedreht wird jetzt in Potsdam-Babelsberg.

67 Die Maikäferkaserne

Abschied von Lili und Marleen

Die Nacht vom 3. auf den 4. April 1915 ist eine laue, regenfeuchte Frühlingsnacht. Die Büsche neben der Kaserne des Garde-Füsilier-Regiments, das von aller Welt das Maikäfer-Regiment genannt wird, tragen einen ersten zarten Grünschimmer. Gardeoffizier Hans Leip steht Wache vor dem Seitentor. Es ist seine letzte Nacht in Berlin, am nächsten Morgen wird er an die Karpatenfront aufbrechen. Und wie er dort so steht und der Regen im Lichtschein der Laterne glitzert, überkommt ihn eine tiefe Traurigkeit. Kurz zuvor ist Lili zum Tor gekommen, um sich zu verabschieden.

Die Tochter des Gemüsehändlers aus dem Haus, in dem Hans Leip während seiner Offiziersausbildung ein Zimmer hatte, die schöne Lili, die eigentlich Betty heißt, gestand ihm gerade noch im Schein der Laterne ihre Liebe zu ihm – da nähern sich schon wieder Schritte aus dem Dunkeln. Wieder das Klackern von Absatzschuhen. Es ist Marleen, seine Geliebte. In diesem Moment wird Hans Leip von einem Vorgesetzten ermahnt, stillzustehen und nicht so viel herumzulaufen während des Wachdienstes. So kann er sich nicht von seiner geliebten zarten Marleen verabschieden, sie flüstert ihm von der Laterne aus etwas zu, doch er kann es nicht verstehen – und schon eilt sie wieder davon.

Als Hans Leip kurz darauf abgelöst wird, schreibt er, von Abschiedsschmerz und Sehnsucht übermannt, in seinem Zimmer ein Gedicht in sein Notizbuch: »Vor der Kaserne / vor dem großen Tor / stand eine Laterne / und steht sie noch davor, / so wolln wir uns da wiedersehn, / bei der Laterne wolln wir stehn, / wie einst Lili Marleen.«

Dass diese und die folgenden Strophen 1939, gesungen von Lale Anderson, zum ersten deutschen Millionenseller werden würden – zu einem Schicksalslied des Zweiten Weltkrieges, zum Symbol der Hoffnung auf Wiederkehr für die Soldaten weltweit –, das konnte Hans Leip 24 Jahre zuvor noch nicht ahnen.

Adresse Habersaathstraße/Chausseestraße, 10115 Berlin-Mitte | ÖPNV S1, S2, S25, Haltestelle Nordbahnhof; U6, Haltestelle Schwartzkopffstraße; Tram M6, Bus 245, Haltestelle Habersaathstraße | Und heute Was nach der Wende jahrelang Beachvolleyballplatz war, wird inzwischen wieder aufs Strengste überwacht: Der Bundesnachrichtendienst hat sein neues Hauptquartier bezogen.

68 Die Mansardenwohnung der Kommune 1

Der Akt der Lächerlichkeitsmachung

Das WG-Zusammenleben als Gegenmodell zur bürgerlichen Kleinfamilie ist den Studenten, die seit Kurzem in der Friedenauer Wohnung des Schriftstellers Uwe Johnson wohnen, schon bald zu wenig. Sie beschließen, während des Berlinbesuchs des US-Vizepräsidenten Hubert Humphrey am 6. April 1967 mit einer Störaktion gegen den Vietnamkrieg zu protestieren.

Die Kommunarden überstürzen nichts: Am Tag vor dem Staatsbesuch besorgen Fritz Teufel, Rainer Langhans, Dieter Kunzelmann, Antje Krüger und einige andere verschiedene Materialien wie Buttercremetorte, Mehl, Eier und Joghurt und füllen alles in Plastiktüten. Dann fahren sie in den Grunewald und testen die unterschiedlichen Geschosse an Bäumen. Auf dem Rückweg trinken sie noch ein Bier in einer Gaststätte am S-Bahnhof. Sie überlegen, welche Plastikbeutelfüllung als Testsieger hervorgeht, und sprechen noch mal über den großen Auftritt am nächsten Tag. Am Nebentisch sitzen einige Polizisten in Zivil und können kaum fassen, was sie da hören: Ein Attentat! Und als die Studenten später in ihrer WG-Küche den Pudding für den nächsten Tag aufsetzen, stürmt die Polizei die Wohnung und nimmt elf Kommunarden fest. Die Überschriften der Zeitungen überschlagen sich: In der »BILD«-Zeitung: »Geplant – Berlin: Bombenanschlag auf US-Vizepräsidenten.« Darunter: »Mit hochexplosiven Chemikalien und sprengstoffgefüllten Plastikbeuteln (…) haben Berliner Extremisten einen Anschlag vorbereitet.« In der »Berliner Morgenpost« sogar noch genauer: »Die Polizei überraschte mehrere kommunistisch orientierte Westberliner Studenten beim Abwiegen von Sprengstoff in behelfsmäßige kleine Granathülsen.« Zwei Tage später folgt dann das kleinlaute Dementi der Presse: ein Pudding-Attentat. Besser hätte der von der Kommune 1 geplante »Akt der Lächerlichkeitsmachung« nicht ablaufen können.

Adresse Niedstraße 14, 12159 Berlin-Schöneberg | **ÖPNV** S1, Haltestelle Friedenau (circa 500 Meter Fußweg); U9, Haltestelle Friedrich-Wilhelm-Platz; Bus 186, 246, Haltestelle U Friedrich-Wilhelm-Platz | **Und heute** Hier geht es angenehm ruhig und unaufgeregt zu: Mitten im Stadtgefüge kann man versteckte Landhäuser und herrschaftliche Villen entdecken.

69 Das Morddezernat

Von der Kunst der Menschenbehandlung

Irgendwann in den 1920er Jahren auf dem Alexanderplatz. Ein großer, wohlbeleibter Mann mit zerknittertem Anzug und einem dunklen Köfferchen unter dem Arm stürmt aus der Tür des gewaltigen roten Backsteingebäudes des Polizeipräsidiums. Er setzt sich in das bereitstehende Auto, das auch sofort mit quietschenden Reifen losfährt.

Es gibt wahrscheinlich kaum jemanden in ganz Berlin, der diesen Mann nicht wiedererkennen würde. Es ist Ernst Gennat, und er ist der erste Mordkommissar. Als Gennat 1904 bei der Polizei anfängt, gibt es zwar einen »Mordbereitschaftsdienst« – aber über eine eigene Abteilung, die sich einzig und allein damit beschäftigt, die Mörder zu finden und zu überführen, denkt in der »Roten Burg« niemand nach.

Außer Ernst Gennat. Und als »der Dicke« dann 1925 befördert wird, lässt er als Erstes an die große gläserne Flügeltür vor seinem Büro ein Schild mit der Aufschrift »Morddezernat« anbringen, und so beginnt die erste Mordinspektion der Stadt ihre Arbeit: Ein »Mordauto« wird eingerichtet, das mit allem ausgestattet ist, was man am Tatort braucht. Außerdem legt Kommissar Gennat die allererste »Todesermittlungskartei« an. Alle Todesfälle in der Umgebung werden hier abgeheftet, egal, ob als Zeitungsausschnitt oder Polizeiakte. Und auch am Tatort stellt er neue Regeln auf. Mit preußischem Fleiß hatten die Beamten bisher immer erst einmal für Ordnung gesorgt – und den Tatort für den Kommissar aufgeräumt. Gennats Anweisung hingegen lautet nun: Alles stehen und liegen lassen.

Aber dass er fast alle Fälle aufklärt, das verdankt Ernst Gennat vor allem seinem psychologischen Geschick – und seinem ruhigen und gefassten Wesen. Man sagt, dass er einen Raubmörder erst einmal genauso zuvorkommend behandelt wie den Innenminister. Die Kriminalistik, so lautet der oberste Grundsatz des Kommissars und Kuchenfreundes, ist vor allem eins: die Kunst der Menschenbehandlung.

Bild Kriminalrat Ernst Gennat (Mitte) sammelt für das Winterhilfswerk. | **Adresse** Grunerstraße/Dircksenstraße, 10179 Berlin-Mitte | **ÖPNV** S5, S7, S75, U2, U5, U8, Haltestelle Alexanderplatz; Tram M2, M4, M5, M6, Bus TXL, M48, 100, 200, 248, Haltestelle S+U Alexanderplatz | **Und heute** Wo früher die gewaltige »Rote Burg« stand, lockt nun eine rosa Burg namens »Alexa« mit Shoppingerlebnis.

70 Der Mozartsaal

Weiße Mäuse im Kinosaal

»Ich bin noch nicht geheilt von der Nollendorfschlacht. Noch eine Wunde am Unterarm und Unterfußgelenk, so hab ich mich geschlagen mit den Nazis«, berichtet Else Lasker-Schüler 1931 in einem Brief. Die Dichterin lebt wie viele Künstler zu dieser Zeit in der Gegend rund um den Nollendorfplatz. Am 6. Dezember 1930 besucht sie den Mozartsaal, das Kino am Platz, um den neuen Film zu sehen, von dem in diesen Tagen alle sprechen: »Im Westen nichts Neues« von Lewis Milestone.

Dass der Antikriegsfilm nach dem Roman von Erich Maria Remarque so gut ankommt, passt hingegen der NSDAP gar nicht. Joseph Goebbels, Gauleiter vor Ort, organisiert Schlägergruppen, die an diesem Tag den Mozartsaal am Nollendorfplatz stürmen sollen. Sie randalieren, zünden Rauchbomben und setzen weiße Mäuse zwischen den Säulen aus. Es kommt zum erwünschten Chaos – die Polizei muss eingreifen und die rechten Schläger und meist linken Kinobesucher trennen. Die Filmvorführung wird abgebrochen.

Am Tag nach der Nollendorfschlacht hält Goebbels vor mehr als 30.000 Nationalsozialisten auf dem Nollendorfplatz eine einheizende Rede gegen Remarques »Im Westen nichts Neues«. Wieder ist an eine Vorführung nicht zu denken. Der Film wird, obwohl von der Filmprüfstelle bereits freigegeben, nun doch noch der deutschen Oberprüfstelle vorgelegt – und von ihr verboten.

Die Regierung beugt sich dem Druck von rechts. Die genannten Gründe: Das Reichswehrministerium sorgt sich nun doch um das Ansehen der Armee, und das Innenministerium sieht wegen der jüngsten Vorkommnisse die innere Sicherheit gefährdet. Erbitterte Proteste gegen das Verbot werden laut. Der Film wird auf privat organisierten Veranstaltungen gezeigt, im Rheinland werden Kinofahrten in die Niederlande organisiert, und in Berlin erscheint eine Broschüre im Rowohlt-Verlag: »Der Film ›Im Westen nichts Neues‹ in Bildern«.

Adresse Nollendorfplatz 5, 10777 Berlin-Schöneberg | ÖPNV U1, U2, U3, U4, Haltestelle Nollendorfplatz; Bus M19, 106, 187, Haltestelle U Nollendorfplatz | Und heute Der Mozartsaal war erst Theater, dann Kino und später Disco: Das »Metropol« hatte die erste Lasershow Berlins, Depeche Mode traten hier auf. Heute heißt der Ort »Goya«.

71 Die Mulackritze

Alles Fassade

Das kleine Haus mit dem rot gedeckten Giebeldach ist so bekannt wie kaum ein anderes in der Stadt: »Sodtkes Restaurant«, steht auf der Fassade, doch jeder weiß, was sich dahinter verbirgt: die Mulackritze. Hierher zieht die feierwütige Prominenz in den 1920er Jahren zu jeder Tages- und Nachtzeit.

Doch das Sagen haben im Berliner Scheunenviertel zu dieser Zeit andere: Die großen und kleinen Kriminellen, Einbrecher, Zuhälter und Ganoven. Sie organisieren sich in Ringvereinen. 1921 gründet Adolf Leib den »Geselligkeitsverein und Sportclub Immertreu«. Im Hinterzimmer seiner Lieblingskneipe, der Mulackritze, trommelt er seine Mitglieder zusammen. Er nennt sich Muskel-Adolf. Die anderen aus der Immertreu-Bande heißen je nach Begabung oder Markenzeichen Tresor-Ede, Brillanten-Willi, Klamotten-Emil, Korsett-Lili, Stiefel-Martha oder Fassaden-Trude, die berühmt-berüchtigte Fassadenkletterin.

Diese Treffen können nicht lange geheim gehalten werden, aber Muskel-Adolf ist ein geschickter Vereinsvorstand. Schon bald ist sein Netzwerk so dicht, dass der Immertreu-Verein der Polizei jedes Mal einen Schritt voraus ist. Und nach außen gibt sich der Berliner Sportverein, der aufgrund der hohen Arbeitslosigkeit in der Stadt täglich neue Mitglieder bekommt, ganz salonfähig: Er organisiert Maskenbälle und Weihnachtsfeste, die schon bald einen ausgezeichneten Ruf in der Stadt genießen: Die größten Stars werden für das Bühnenprogramm gebucht und die Spitzen der Berliner Gesellschaft geladen, unter anderem die Größen der Berliner Polizei. So kommt es durchaus vor, dass auf einer Gala der Vizepräsident der Berliner Polizei, Dr. Bernhard Weiß, mit Aktien-Mieze, der Freundin von Muskel-Adolf, zusammen Walzer tanzt – und sich Dr. Weiß dabei überaus geschmeichelt fühlt. Oder dass auf dem Vereinsball das Polizeiorchester aufspielt, dirigiert von keinem anderen als dem berühmten Mordkommissar Ernst Gennat.

Adresse Mulackstraße 15, 10119 Berlin-Mitte | ÖPNV U2, Haltestelle Rosa-Luxemburg-Platz; U8, Haltestelle Weinmeisterstraße; Tram M1, M8, Bus 142, Haltestelle U Rosenthaler Platz | Und heute Das verruchte Scheunenviertel ist jetzt edles Einkaufsquartier. In der kleinen Mulackstraße kann man sich noch am ehesten vorstellen, dass hier mal die dunkelsten Gassen von Berlin waren.

72 Der Musterpavillon

Das Kleid für die Idee

Fritz Karsen weiß nur zu gut, wie schwierig es ist, feste Abläufe zu verändern. Entrüstete Eltern treten 1928 vor den Schulleiter, weil sie nicht verstehen, dass ihre Kinder nicht mehr alle die gleichen Hausarbeiten aufbekommen, die der Lehrer am nächsten Tag abzeichnet; dass Klassenarbeiten nicht auf einen bestimmten Tag in der Woche fallen und dass sogar die Zensuren einer freieren Form der Beurteilung weichen.

Das alles, befürchten die Eltern, sei doch gar nicht erlaubt. Schule – das war doch damals in ihrer Kindheit eine unantastbare Instanz, ein Heiligtum! Und wenn die Eltern erst die Klassenräume sehen, sind sie erst recht entsetzt: Keine vertrauten Pultreihen, sondern Tischgruppen, an denen die Schüler selbstständig arbeiten, sich untereinander beratschlagen – und ein Lehrer, der geradezu unbeteiligt von Gruppe zu Gruppe läuft und hin und wieder eine Frage beantwortet.

Das alles ist hier in Neukölln entstanden, weil die Schüler im Arbeiterbezirk keine festen Vorstellungen von Lehrstoffen mitbringen, erklärt der Reformpädagoge Fritz Karsen. Sie erwarten keine Bestätigung durch Strammstehen und gute Noten – sondern sie arbeiten aktiv und gemeinschaftlich. Und eine derartige Gesamt-Gemeinschaft – da ist sich Fritz Karsen sicher – erhebt die Schule auf ein viel höheres Niveau, als es Autorität und Bestrafung je schaffen könnten.

Gemeinsam mit dem Architekten und Reformbefürworter Bruno Taut entwirft Fritz Karsen eine »Schule der Zukunft« – wie die beiden ihr Projekt am Dammweg nennen: Nach Tauts Konzept sollen in hellen und transparenten Pavillons mit Terrassen und Oberlichtern auf einer Fläche von 142.700 Quadratmetern gemeinsame Werkräume für Grundschule, Volksschule und Realgymnasium entstehen. Doch die Wirtschaftskrise lässt die schon bewilligte Finanzierung platzen – und außer einem Musterpavillon bleibt die Reformschule eine Vision.

Adresse Dammweg 216, 12057 Berlin-Neukölln | ÖPNV S45, S46, S47, Haltestelle Köllnische Heide; Bus M41, 246, Haltestelle Dammweg/Sonnenallee; Bus 277, Haltestelle Steinbockstraße | Und heute Der ebenerdige und von oben belichtete Klassenpavillon sollte nach wenigen Jahren abgerissen werden – konnte aber 2001 denkmalgerecht wieder restauriert werden.

73 Der neue Grenzübergang

Das deutsch-deutsche Müllabkommen

Daran hatte niemand gedacht. Aber bereits einige Jahre nach dem Mauerbau zeichnet es sich immer deutlicher ab: Westberlin hat ein mächtiges Problem. Es droht im Müll zu ersticken. Die beiden größten Mülldeponien der Stadt in Lübars und am Wannsee können die Massen an Abfällen, Schutt und Sperrmüll von den Inselbewohnern Ende der 1960er Jahre kaum noch bewältigen. Immer wieder entstehen Brände mit stinkenden Rauchschwaden, die schwer zu löschen sind. Um die Deponien zu erweitern, müssten entweder 60.000 Bäume des Grunewalds gefällt werden – oder, so ein weiterer Vorschlag, den der Senat ablehnt, der Müll müsste mit der Bahn nach Westdeutschland gebracht werden.

Nach den ersten Annäherungen zwischen DDR-Regierung und Westberliner Senat im »Grundlagenvertrag« von 1972 zeichnet sich aber auch eine Lösung für das Westberliner Müllproblem ab. Und schon kurz darauf wird der Dringlichkeit wegen der Müllvertrag abgeschlossen: Die DDR genehmigt darin eine neue Mülldeponie auf Brandenburger Boden – natürlich gegen ordentliche Devisenzahlung: Für 26 Millionen Kubikmeter Müll wird die DDR in den kommenden Jahren rund zwölf Millionen D-Mark kassieren.

Dafür wird aber die Mauer in Buckow an einer Stelle durchbrochen – und nur den Fahrzeugen der Berliner Stadtreinigung ist es erlaubt, diesen neuen Grenzübergang zu passieren. Am 10. September 1973 fahren die ersten 52 West-Berliner Müllmänner auf der 700 Meter langen, eingezäunten Straße durch DDR-Gebiet bis nach Großziethen.

Obwohl die DDR-Regierung dieses Vorhaben geheim hält, erfährt der Großziethener Anglerverein von den Plänen. Protest wird laut. Vor allem aber wollen die Großziethener ihr Strandbad zwischen Dorf und Grenzgebiet retten, das jetzt umzäunt ist und mit Müll zugeschüttet werden soll. Doch das deutsch-deutsche Müllabkommen mund das Loch in der Mauer können sie nicht rückgängig machen.

Bild Blick über Gropiusstadt und die Grenzanlagen | **Adresse** Kölner Damm, 12353 Berlin-Neukölln | **ÖPNV** U7, Haltestelle Lipschitzallee; Bus 172, Haltestelle Kölner Damm; Bus 373, Haltestelle Sollmannweg | **Und heute** Gropiusstadt endet hier abrupt in einer weitläufigen märkischen Wiesenlandschaft.

74 Der Nord-Süd-Tunnel

Hitlers Nero-Befehl

Irgendwann im Frühling 1945. Welche Woche es ist oder welcher Tag genau, kann wohl niemand sagen. Es ist auch nicht von Bedeutung. Von Bedeutung ist nur zu überleben. Der Kampf um Berlin hat begonnen, russische Truppen sind in die Innenstadt vorgedrungen. Jeder in der Stadt versucht, Schutz zu finden, in Bunkern – oder in den Tunneln der Berliner S- und U-Bahn. Wie viele es sind, die in diesen Tagen unter der Erde entlang der Schienen auf das Ende des Schreckens warten, weiß niemand.

Nicht weit entfernt sitzt die gesamte NS-Spitze im Führerbunker. Anfang Mai – fünf Tage vor der bedingungslosen Kapitulation Deutschlands – wird der vielleicht wichtigste Knotenpunkt des Berliner Nahverkehrs gesprengt – nicht von der sowjetischen Armee, sondern von SS-Soldaten. Die Decke im Nord-Süd-Tunnel der S-Bahn wird direkt unter dem Landwehrkanal von einer großen Menge Sprengstoff zerstört – und die einbrechenden Wassermassen durchfluten in Sekundenschnelle den gesamten Tunnel. Und nicht nur diesen Tunnel: Das Wasser fließt weiter bis in die U-Bahn-Schächte, es fließt bis in den Wedding im Norden und bis zum Mehringdamm im Süden, es fließt von der Friedrichstraße bis zur Samariterstraße – und reißt alle Menschen dort unten mit sich.

Es ist schwer zu beweisen, ob der Befehl zur Sprengung tatsächlich aus dem Führerbunker kam, aber man wird später feststellen, dass es sich nicht um einen zufälligen Handstreich oder um eine Sprengung von der Oberfläche gehandelt haben kann. Ein Gutachten aus dem Jahr 1991 belegt, dass die Tat geplant gewesen sein musste. Obwohl die Sprengung aus militärischer Sicht vollkommen sinnlos war.

Es wird noch über ein Jahr dauern, bis die Schächte und Tunnel ausgepumpt sind. Noch im Frühjahr 1946 werden Tote aus dem Wasser geborgen, die dann auf den umliegenden Friedhöfen der jeweiligen Bahnhöfe bestattet werden.

Adresse Landwehrkanal, zwischen S-Bahnhof Yorckstraße und S-Bahnhof Anhalter Bahnhof, 10965 Berlin-Kreuzberg | ÖPNV S1, S2, S25, Haltestelle Anhalter Bahnhof; U1, U2, Haltestelle Gleisdreieck; U1, U7, Haltestelle Möckernbrücke | Und heute Die Fußgängerbrücke, die an dieser Stelle über den Kanal führt, verbindet das Museum für Verkehr und Technik und den neuen Park am Gleisdreieck.

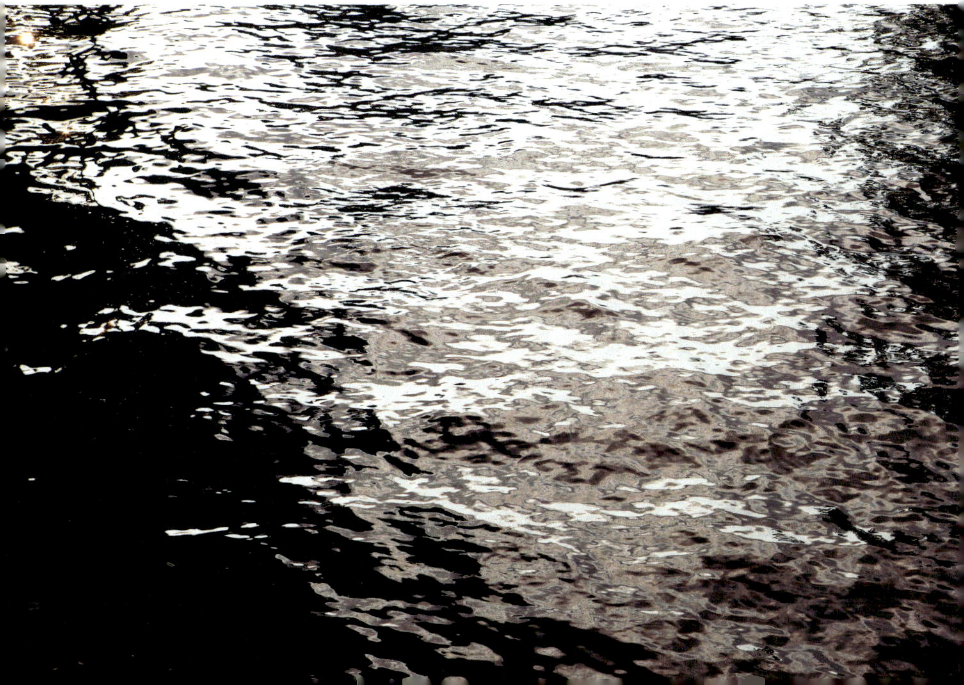

75 _ Das Olympiastadion

Als Hitler die Show gestohlen wurde

Die Inszenierung ist perfekt. Hitler muss zufrieden sein: das mächtige neue Stadion, die riesenhaften Hakenkreuze auf den Fahnen im Wind und die deutschen Spitzensportler bereit, die Siege für die arische Rasse einzuholen. Und dann das: Ein schwarzer Amerikaner macht den ganzen Propaganda-Showdown Hitlers zunichte, indem er eine Goldmedaille nach der anderen gewinnt. Und nicht nur, dass Jesse Owens einfach schneller läuft als seine arischen Konkurrenten – der 23-Jährige aus Alabama ist auch noch der Star im Olympiastadion. In Sprechchören ruft das Publikum nur noch einen Namen; taucht Owens auf, ist er umlagert von Reportern, Fotografen und Autogrammjägern.

Jesse Owens hat bereits im 100- und 200-Meter-Lauf gesiegt und beim Staffellauf Gold für die USA geholt. Aber es besteht noch Hoffnung: Wenn Luz Long, deutscher Leichtathlet, Jesse Owens jetzt im Weitsprung besiegt – dann könnte man den Sieg des Weißen über den schwarzen Weltstar Owens umso größer in Szene setzen. Was die NS-Elite in der Führer-Loge nicht weiß: Bei den Qualifizierungsrunden für den Weitsprung hat Jesse Owens tatsächlich Schwierigkeiten mit dem Absprung. Nachdem er zweimal übertreten hat, ist der dritte Sprung seine letzte Chance. Da nimmt Luz Long ihn zur Seite und verrät ihm seine Technik. Beim nächsten Sprung legt er für Jesse Owens sein Hemd als Markierung neben die Bahn.

Dann ist es so weit. Weitsprung. Luz Long nimmt Anlauf und springt: 7,87 Meter. Nach ihm springt Jesse Owens, er schafft den Absprung: 8,06 Meter: ein neuer Weltrekord. Die beiden Sportler umarmen sich noch in der Sandkuhle, während Hitler und sein NS-Gefolge die Führer-Loge verlassen. Das entgeht keinem. »Hitler muss wohl wahnsinnig geworden sein, als er uns umarmen sah«, sagt Owens später. Die Freundschaft der beiden Athleten aber dauert an, auch noch während des Krieges schreiben sie sich Briefe, bis Luz Long 1943 an der Front umkommt.

Adresse Olympischer Platz 3, 14053 Berlin-Charlottenburg | **ÖPNV** S5, U2, Haltestelle Olympiastadion | **Und heute** Die monumentalen Sportler-Statuen ragen bedrohlich in den Himmel. Eine Mutprobe im Sommer ist der Sprung vom 10-Meter-Sprungturm im Freibad.

76_Der Palast der Republik

Vorübergehend Volkseigentum

Dort, wo die tieforangefarbenen Fensterscheiben fehlen, bleiben blinde Rechtecke zurück. Der Ährenkranz über dem Eingangsportal ist inzwischen seiner beiden Symbole beraubt. Seit 14 Jahren sind die Türen vom Palast der Republik nun schon geschlossen.

Doch da seilen sich zwei Fassadenkletterer vom Dach ab und enthüllen ein großes Transparent mit dem Aufdruck: VOLKSPALAST. Es ist der 20. August 2004, und die »Volksenthüllung« ist der erste Akt. Der Palast der Republik wird wieder geöffnet. Für das Volk. Mit der »Volkslimousine« werden die Premierengäste nach einer Runde über den Schloßplatz vorgefahren, wo sich sodann alle zum »Volksgruppenbild« aufstellen. Und jeder, der heute eine Stehlampe mitbringt, hat freien Eintritt. Die Lampen stehen im Inneren und leuchten still als Hommage an »Erichs Lampenladen«, wie der Palast wegen der vielen runden Lampen, die hier an der Decke hingen, genannt wurde. Aber die Initiative »ZwischenPalastNutzung/VOLKSPALAST« möchte vor allem beweisen, dass dieses große Skelett aus Stahl und Beton wieder zum Leben erwachen kann. Nicht, weil es so schön ist, nicht, weil man vergangenen Zeiten nachtrauert, sondern weil es nun mal da ist – und ein Teil der Berliner Geschichte bleibt.

Zwei Jahre lang werden Künstler den Palast in Besitz nehmen: Einmal wird er komplett geflutet werden, und die Besucher können in Schlauchbooten in einer virtuellen Stadt vom Bäcker zum Wahrsager und weiter zum Puff paddeln, später wird im Innern ein Berg aufgeschüttet, den man erklimmen muss. Christoph Schlingensief, Daniel Richter und viele andere stellen Kunst-Aktien her, mit denen jeder den Volkspalast unterstützen kann. Der norwegische Künstler Lars Ramberg setzt mit sechs Meter hohen Buchstaben das Wort ZWEIFEL auf das Dach des Palasts. Doch die Entscheidung wird fallen, die Kräne mit den Abrisskugeln werden kommen und dieses Stück Berlin für immer auslöschen.

Adresse Schloßplatz, 10178 Berlin-Mitte | ÖPNV S5, S7, S75, Haltestelle Alexanderplatz (circa 1 Kilometer Fußweg); U2, Haltestelle Klosterstraße (circa 500 Meter Fußweg); Bus TXL, 100, 200, Haltestelle Lustgarten; Bus 147, Haltestelle Neumannsgasse | Und heute Nur die Kugel des Fernsehturms im Hintergrund erinnert daran, dass knapp 100 Jahre vergangen sind. Der heftig diskutierte Neubau des Berliner Stadtschlosses mit neuer Nutzung, dem Humbolt Forum.

77 Das Panoptikum

50 wilde Kongoweiber

Als die Brüder Castan 1873 in der jahrmarktsgleichen Lindenpassage zwischen Bars, Varietés und Schaubuden ihre ersten lebensgroßen Figuren aus Wachs ausstellen, merken sie schnell, dass sie damit ins Schwarze treffen: Bis zu 10.000 Schaulustige zieht es an den Wochenenden in die Säle der Castans. Die Berliner entzückt nicht nur die Lächerlichkeit des eigenen Abbildes, sie verlangen, ja gieren nach Exotischem und Erotischem.

Im Innern des Panoptikums ist die Richtung klar vorgegeben: Es geht vom Banalen hin zum Abnormen, vom Normalen zum Unerhörten. Vorbei an lebensgroßen Fürsten Europas, denen jede Autorität genommen ist, durch den Märchensaal, vorbei an Ganoven und Unholden, die ihre Grausamkeit an das Wachs abgegeben haben – bis man am Ende zum Allerheiligsten vorstößt. Das Extrakabinett des anatomischen Museums.

Vor der Tür hängt eine Tafel, die jede Viertelstunde herumgedreht wird. »Jetzt nur für Damen«, steht auf der einen Seite, und auf der anderen: »Jetzt nur für Herren«. Im Inneren hat man die Gelegenheit, das anzusehen, für das es in den bürgerlichen Konversationslexika keine Einträge gibt: Wachsmodelle weiblicher Geschlechtsorgane, das menschliche Leben von der Befruchtung bis zur aus Wachs nachgebildeten Geburt, und auch für den Gruselfaktor ist gesorgt mit einer Reihe in aller Deutlichkeit abgebildeter Geschlechtskrankheiten.

Die Castan-Brüder haben inzwischen längst das Showbusiness entdeckt, das Kabinett wird immer größer: Beliebt sind die Automaten, die für zehn Pfennige ihre Gucklöcher öffnen und den Blick freigeben auf allerhand Anstößiges und Abwegiges. So lockt das Passage-Panoptikum 1895 das Publikum mit »50 wilden Kongoweibern«, ein Jahr später gibt es einen tunesischen Harem, von dem es heißt, er wurde einem Mohammedaner abgekauft, der in finanziellen Schwierigkeiten steckte – und der jetzt gemeinsam mit seinen Frauen im Panoptikum zu betrachten ist.

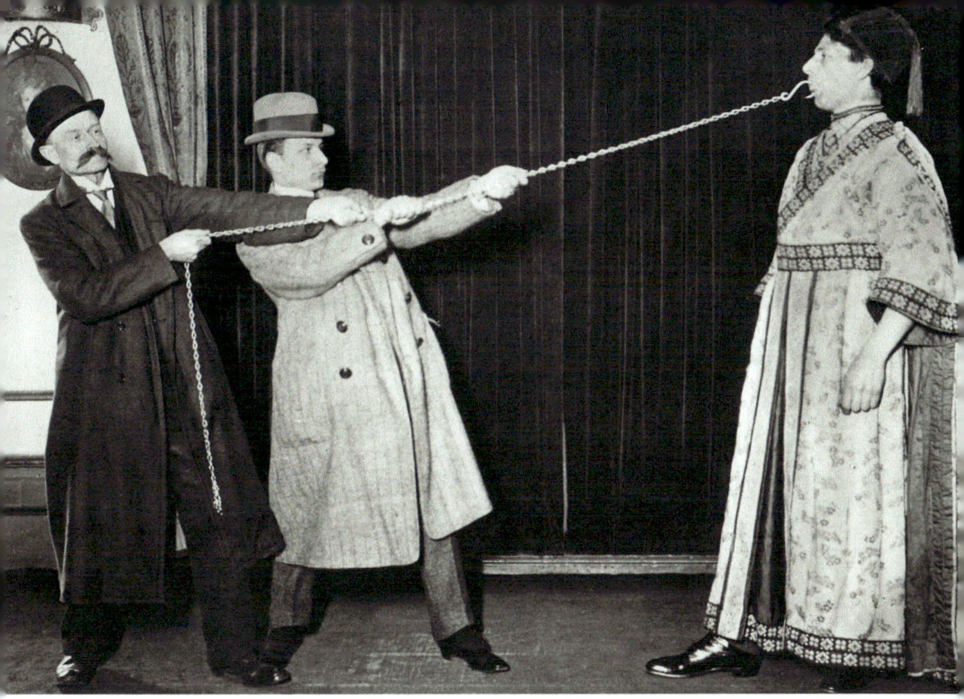

Bild Die Attraktion: Der indische Fakir | Adresse Friedrichstraße/Behrenstraße, 10117 Berlin-Mitte | ÖPNV S1, S2, S25, U55, Haltestelle Brandenburger Tor; U6, Haltestelle Französische Straße; Bus 147, Haltestelle U Französische Straße | Und heute Hier ist der edle Abschnitt der Friedrichstraße, es geht weltstädtisch zu – und luxuriös.

78 Die Pavillons

Die Rollbrettfahrer vom Alex

Man kann nicht einfach so mitmachen bei den Skatern, die unter dem Fernsehturm um die Säulen kurven, über die Bänke und Treppenstufen springen und von den spitzen Rampen der Pavillons rauschen. Nicht einfach so, aus einer Laune heraus. Wer Skater werden will Anfang der 1980er Jahr in Ostberlin, der muss zuerst einmal handwerkliches Geschick beweisen: Denn Skateboards kann man nicht kaufen.

Auch Marco Sladek und René Falk Thomasius bauen sich ihre ersten Skateboards selbst. René Falk Thomasius ist seit Kurzem Rollschuhläufer in einer Greifswalder Betriebssportgemeinschaft. Er schraubt die Rollen von den Rollschuhen ab und macht sich daran, ein passendes Brett zu bauen. Da gutes Holz rar ist, die Skateboards aber einiges aushalten müssen, nehmen sie ein normales Kuchenbrett. Es ist allerdings mit zwölf Millimetern zu dünn, und zwei Bretter übereinander wären zu dick, sodass die Jungen im Hof einige Schichten Holz vom Brett abschmirgeln müssen. Dann legen sie das Holz eine Stunde in kochendes Wasser und pressen es anschließend in die richtige Form. Ein Griptape für die Oberfläche kann man entweder aus Gummi und Schmirgelpapier oder auch aus einer Lack-Zucker-Mischung herstellen.

Die Skateboardfahrer auf dem Alexanderplatz rebellieren nicht, aber sie fallen aus dem Rahmen. Die DDR versucht vergeblich, die Szene zu integrieren, doch die Skater lassen sich ihre eigene Welt rund um die Pavillons nicht mehr nehmen. Auch nicht, als die DDR ein Rollbrett aus Plastik produzieren lässt, um den Sport massentauglich zu machen – und sich möglichst trendbewusst zu präsentieren.

Die Skater bleiben unter sich – und ihre Leistungen finden weltweit Anerkennung: 1989 können Marco Sladek und René Falk Thomasius ihre Kunststücke zum ersten Mal beweisen. Sie nehmen bei internationalen Wettkämpfen teil – und belegen Spitzenplätze im Freestyle und im Streetstyle.

Adresse Alexanderplatz, 10178 Berlin-Mitte | ÖPNV S5, S7, S75, U2, U5, U8, Haltestelle Alexanderplatz; Tram M2, M4, M5, M6, Bus TXL, M48, 100, 200, 248, Haltestelle S+U Alexanderplatz | Und heute Seitdem die glatten Betonplatten durch wellenförmige Steine ersetzt wurden, eignet sich der Platz nicht mehr so gut zum Skaten.

79 Die Plumpe

Einsatz für Hertha

Die Bänke auf den Zuschauertribünen in der Plumpe, dem großen neuen Stadion am Gesundbrunnen, sind an diesem 12. März 1922 bis auf den letzten Platz besetzt. Es ist der Tag des Entscheidungsspiels zwischen dem mehrfachen Berliner Meister Hertha und dem Berliner FV 1910. Verliert Hertha, fliegt der Verein aus der Liga.

Immer noch steht es 0:0. Die Emotionen lassen die Plumpe brodeln, da rollt der Ball auf das Hertha-Tor zu. Torwart Uredat scheint bereits aufgegeben zu haben, der Ball wird in wenigen Momenten im Netz landen – da hält es Artur Friedemann nicht länger aus: Mit einem Satz springt er über die Bande, rennt auf das Tor zu – und kickt den Ball zurück auf das Spielfeld.

Ein Aufschrei geht durch die Zuschauerreihen, Friedemann holt sich eine Tracht Prügel von den Berliner FV-Fans – aber der Spielstand bleibt unentschieden. Und am Ende siegt Hertha durch ein Tor von Erich Schmidt mit 1:0.

Auf den Tribünen ihrer »Meisterelf« treffen sich Bürgerliche und Arbeiter, Sozialisten und Kommunisten, Liberale und Monarchisten im Arbeiterbezirk Wedding – brüderlich vereint in ihrer Fußballbegeisterung. Und das ist noch nicht lange so: Als vier Fußballer 1892 auf einem Ausflug mit dem Dampfer »Hertha« beschließen, im Wedding einen Fußballclub nach englischem Vorbild zu gründen, ernten sie zuerst einmal alles andere als Begeisterung: nackte Arme, nackte Beine, und das in aller Öffentlichkeit! Und weil das Spiel um den Ball als äußerst grob gilt, wird das Fußballspiel auch zuerst als Kampfsport eingeordnet. Doch spätestens als Hertha 1905/1906 Berliner Meister wird – und 1910 sogar gegen Southend United England gewinnt – als erste Mannschaft vom Festland, der es gelingt, eine Profimannschaft aus England zu besiegen –, spätestens da hat das Fußballfieber über den Wedding hinaus die Berliner gepackt – und die Plumpe wird zum Fußballort Nummer eins für die ganze Stadt.

Adresse Behmstraße/Bellermannstraße, 13357 Berlin-Wedding | **ÖPNV** S1, S2, S25, S41, S42, U8, Haltestelle Gesundbrunnen; Bus 247, Haltestelle S+U Gesundbrunnen | **Und heute** Das Hertha-Domizil, Jülicher Straße/Behmstraße, ist das letzte Überbleibsel aus der Hertha-Ära am Gesundbrunnnen.

80 Die Polizeikaserne Schulzendorf

PR für die Bereitschaftspolizei

Die beiden Tore am Eingang der Kaserne stehen an diesem 1. Februar 1952 weit offen. Die ersten Anwärter für die Berliner Bereitschaftspolizei betreten mit Pappkartons unter dem Arm ihre neuen Unterkünfte in Schulzendorf. Ihre Aufgabe wird es sein, als ständig einsatzbereite Sicherheitsreserve vor allem den Kommunismus abzuwehren. Aber die neuen Bewohner der Schulzendorfer Kaserne merken bald, dass sie in der Stadt nicht besonders gut ankommen. Schon allein das Auftreten der Einheit wirkt nicht gerade zukunftsgerichtet: In Reiterhosen, Gamaschen und Nagelschuhen erscheinen sie bei Großveranstaltungen wie dem AVUS-Rennen, bei Großeinsätzen der Feuerwehr oder zum Schneeschippen im Winter. Und nebenbei bereiten sie sich auf den inneren sowie äußeren Ausnahmezustand vor.

Als sich das politische Leben in Berlin zunehmend entspannt und die Ost-West-Mächte sich auch mit der Berlinaufteilung arrangiert zu haben scheinen, gerät die Bereitschaftspolizei in eine ernsthafte Legitimationskrise, und die Kritik an einer kasernierten, militärisch ausgerichteten Polizeitruppe wird zunehmend lauter. Das Image bedarf einer dringenden Aufbesserung. Da liegt es nahe, den Berlinern vorzuführen, was in den Kasernen so alles geleistet wird. Die erste »große Polizeischau« 1954 bricht jeden Besucherrekord im Olympiastadion: Polizisten schultern das Gewehr, überwinden Hindernisse, führen Hunde, springen Trampolin. Doch Höhepunkt des PR-Spektakels ist die Pyramide der Motorradsportgruppe. Deren Kunststücke ändern zwar nichts daran, dass die Kaserne Schulzendorf bei Akademikern und Linken nach wie vor als reaktionärer Hort verhasst bleibt, aber die Gruppe macht Karriere: Die Motorradsportgruppe der Berliner Polizei wird auf der ganzen Welt gebucht. Zwei Weltrekorde haben sie bereits aufgestellt, 1994: 83 Polizisten auf neun Motorrädern und 1998: 50 Personen auf nur einer Maschine.

Adresse Ruppiner Chaussee 268, 13503 Berlin-Reinickendorf | **ÖPNV** S25, Haltestelle Schulzendorf; Bus 124, Haltestelle S Schulzendorf | **Und heute** Die Schilder zeigen: Eine Polizei- und eine Feuerwehrzentrale sind heute auf dem Gelände untergebracht.

81 Das Rathaus Schöneberg

Die Mutter von Berlin

Endlich vorbei. Über ein Jahr lang haben die Alliierten dem Druck der Sowjetunion standgehalten und die Menschen in Westberlin versorgt: Täglich sind über 100 Flugzeuge in Tegel, Tempelhof und Gatow gelandet. Heute, am 12. Mai 1949 vor dem Schöneberger Rathaus, spürt man eine unermessliche Erleichterung: Die Blockade ist beendet. Konrad Adenauer spricht vom Balkon, und auch Ernst Reuter hält eine Rede. Doch die 500.000 Menschen auf dem Platz rufen immer bloß den einen Namen: »Lou-i-se, Lou-i-se!« Denn für sie ist es vor allem Louise Schroeder zu verdanken, dass die Straßen nach Berlin wieder geöffnet sind. Louise Schroeder war ihre Oberbürgermeisterin in dieser Zeit der Ungewissheit.

Dass eine Frau die Stadt regiert, wundert nach dem Krieg niemanden. Es scheint überhaupt nicht groß aufzufallen, dass zum ersten Mal in der Geschichte Deutschlands eine Frau Bürgermeisterin wird. Denn es ist die Stunde der Frauen: Sie sind in der Überzahl, sie schaffen die Trümmer von den Straßen, und sie arbeiten im Akkord, um ihre Familien zu ernähren. Auch Louise Schroeder räumt mit auf. Nach dem Krieg ist sie ausgezehrt, krank und schwach. Aber etwas treibt die zierliche, fast 60-jährige Frau voran. Noch 1945 wird sie in den Vorstand der SPD gewählt, 1946 in die Berliner Stadtverordnetenversammlung.

Nie steht Louise Schroeder im Rampenlicht, aber immer ist sie präsent und pflichtbewusst in ihrem Amt und für die Stadt. Die Berliner danken es ihr: Täglich erreichen sie Unmengen an Briefen, Blumen und Geschenken. SPD-Politiker Klaus-Peter Schulz wird später sagen, dass Berlin vielleicht bei all dem Schlimmen das Schlimmste erspart geblieben ist – weil Louise Schroeder in ihrer würdevollen und diplomatischen Art und eben als Frau die Stadt in dieser unsicheren Zeit vertreten hat. Und das, so Schulz, hätte sogar die Sowjets zu jenem Minimum an formellem Anstand und Würde genötigt.

Adresse John-F.-Kennedy Platz, 10825 Berlin-Schöneberg | ÖPNV U4, Haltestelle Rathaus Schöneberg; Bus M46, 104, Haltestelle Rathaus Schöneberg | Und heute Es ist vergleichsweise ruhig geworden im Schöneberger Rathaus. Der Paternoster dreht seine Schleifen, und jeden Mittag läutet die Freiheitsglocke vom Turm.

82 Die Rohrdammbrücke

Gewehre in die Spree

Als der trübe Novembertag anbricht, weist nichts darauf hin, dass er sich von einem gewöhnlichen Arbeitstag unterscheidet: Die Straßenbahnen rollen über die Schienen, die Arbeiter strömen in die Fabriken, andere schließen ihre Läden auf. Der Tag ist verhangen und mild für die Jahreszeit. Doch am Vormittag des 9. November 1918 machen Flugblätter in den Montagehallen, vor den Hochöfen und in den Kasernen die Runde: »Die Entscheidungsstunde ist da! … Heraus aus den Betrieben! Auf zum Kampf für Friede, Freiheit und Brot! Es lebe die sozialistische Republik!«

Insgesamt elf Marschsäulen formieren sich im Lauf des Tages und ziehen auf das Regierungsviertel zu. Die Arbeiter sind bewaffnet, die roten Fahnen wehen über ihren Köpfen. Sie sind entschlossen, die Monarchie zu beenden, wenn es sein muss, auch im Kampf.

Friedrich Kamin ist Maschinist im Spandauer Wasserwerk. Zusammen mit den anderen Arbeitern verlässt er sein Werk, um sich den großen Zügen anzuschließen. Auf der Rohrdammbrücke wird ihnen der Weg von Soldaten versperrt. Was weder die Soldaten noch die Maschinisten wissen: Auch in den meisten Kasernen wurden bereits die roten Fahnen gehisst – die Soldaten haben sich fast überall in der Stadt auf die Seite der Arbeiter geschlagen. Im entfernten Nordwesten auf der Rohrdammbrücke aber ist diese Nachricht noch nicht angekommen. Die Soldaten harren aus. Kamin spürt, dass etwas geschehen muss. Er greift sich ein Gewehr und wirft es kurzerhand über das Brückengeländer in die Spree. Andere fassen Mut und tun es ihm nach. Am Schluss landen auch die Handgranaten und die Munition der Soldaten auf dem Grund. Der Krieg ist endgültig vorbei für sie. Die Monarchie auch.

Friedrich Kamin reiht sich ein in den unfassbaren Menschenstrom und marschiert mit bis zum Regierungsviertel, wo am Nachmittag desselben Tages ohne Blutvergießen gleich zweimal die Republik ausgerufen werden wird.

Bild Arbeiter und Soldaten vor der Garde-Ulanen-Kaserne in Berlin | Adresse Rohrdammbrücke, 13629 Berlin-Spandau | ÖPNV S41, S42, S46, Haltestelle Westend (1 Kilometer Fußweg); Bus 139, Haltestelle Rohrdammbrücke | Und heute An der schlichten Brücke am Rand von Siemensstadt trifft Industrie auf Kleingartenidylle.

83 Die Rummelsburger Bucht

Exportschlager Eis

Er ist wahrscheinlich der berühmteste Geschäftsmann von Berlin. Und seine Karriere beginnt im Jahr 1863 am Rummelsburger See. Dort betreibt Carl Bolle einen Fischhandel. Eines Tages verzögert sich der Transport, und als seine Fische endlich auf dem Markt ankommen, sind alle verdorben. Der gute Ruf seiner Fischhandlung steht auf dem Spiel. Da hat Bolle eine Idee. Ob es allerdings funktioniert, kann ihm niemand sagen. Er pachtet das Rummelsburger Gewässer und baut zwei große Holzschuppen mit doppelten Holzwänden am Ufer auf. Die Zwischenräume der Wände füllt er mit Sägespänen und Holzwolle aus. Dann wartet er auf den Winter.

Als die Bucht zufriert und das Eis dick genug ist, beginnt die Ernte: Mit selbst hergestellten Sägen machen sich Bolle und seine Angestellten daran, große Blöcke aus dem Eis zu schneiden und in dem Schuppen zu stapeln. Es wird ein voller Erfolg: Bolle kann mit seiner Eisernte nicht nur die eigenen Fische den ganzen Sommer über kühlen, sondern auch noch andere Berliner Betriebe mit seinem Eis beliefern.

Kurze Zeit später gründet er die Norddeutschen Eiswerke, stellt nach und nach 1.200 Eisernter ein und baut das Geschäft aus: Die Eisblöcke werden schon bald auf Laufbändern in die Lagerräume befördert, und insgesamt 150 Wagen liefern die Rummelsburger Eisblöcke in Berlin aus. Und das ist erst der Anfang: Später stellen Bolles Eiswerke sogar künstliches Eis her.

Wirklich berühmt wird Carl Bolle ein paar Jahre später mit einer neuen Geschäftsidee: Er bringt den Berlinern frische Milch bis vor die Haustür. Von mehreren Kuhställen in der ganzen Stadt aus betreibt er seinen »ambulanten Milchhandel«. Die Bolle-Jungen auf den Kutschböcken in ihren blauen Blusen und mit den großen Glocken in den Händen werden zu einer Berliner Institution und bringen Carl Bolle ganz nebenbei einen Spitznamen ein: Bimmel-Bolle.

Adresse Gisele-Freund-Hain, 10317 Berlin-Lichtenberg | ÖPNV S3, Haltestelle Betriebsbahnhof Rummelsburg; Tram 21, Haltestelle Kosanke-Siedlung | Und heute Das Ufer ist eine beliebte neue Wohnadresse – am Wasser und zentral gelegen. Eine Gemütlichkeit ist aber noch nicht so richtig gewachsen in dem ehemaligen Industriegebiet.

84 Der runde Tisch

Die überrannte Verfassung

»Wir – sind – das – Volk«, ruft Christa Wolf in den trüben Novembertag. »Eine schlichte Feststellung. Die wollen wir nicht vergessen.« Eine Million Menschen sind es oder mehr, die sich fünf Tage vor der Maueröffnung auf dem Alexanderplatz versammelt haben. Und dann? Dann geht alles rasend schnell in diesem Winter.

Als Erstes setzen sich in Polen 1989 Gewerkschaft, Arbeiterpartei und Kirche zu einem Kreis zusammen und beschließen, dass Polen eine demokratische Republik werden soll. Und das Format scheint sich zu bewähren: In Berlin ist der runde Tisch zwar aus vielen rechteckigen Mehrzwecktischen zum Viereck zusammengestellt, aber er macht trotzdem Schule: Beinahe in jedem Bezirk von Ostberlin finden sich nach der Maueröffnung Menschen an einem runden Tisch zusammen.

Die Vertreter des Zentralen Runden Tisches sind es, die verhindern, dass die Akten in der Zentrale für Staatssicherheit vernichtet werden. Und sie haben sich noch ein Ziel gesetzt: eine neue Verfassung für die DDR. Und das möglichst schnell. Denn die Situation im Land droht aus dem Ruder zu laufen: Die Massendemonstrationen halten an, die Ausreisewelle findet kein Ende, und die neue Regierung unter Hans Modrow ist dieser Situation nicht im Geringsten gewachsen.

Am 4. April 1990 wird der Entwurf schließlich vorgestellt – mit einer Präambel von Christa Wolf und einem Vorschlag für eine neue DDR-Fahne: Statt Hammer, Zirkel und Ährenkranz soll das Symbol »Schwerter zu Pflugscharen« abgebildet sein. Doch er kommt zu spät. Die Ereignisse im Land haben den »Entwurf für die DDR« bereits überrollt: In der Nacht vom 22. zum 23. August 1990 beschließt die Volkskammer mit 294 zu 62 Stimmen, dass die DDR am 3. Oktober dieses Jahres der Bundesrepublik beitritt. Christa Wolf schreibt später: »So viel Energie wie in diesem Jahr ist in der deutschen Geschichte wohl noch nie an Unmögliches gewendet worden.«

Adresse Schloss Schönhausen, Tschaikowskistraße 1, 13156 Berlin-Pankow | ÖPNV S2, S8, S9, U2, Haltestelle Pankow (1 Kilometer Fußweg); Tram M1, Bus 107, 155, 250, Haltestelle Hermann-Hesse-Straße/Waldstraße | Und heute Ein runder Tisch aus Holz mit 16 Stühlen steht im Schlosspark – zur Erinnerung an den nicht runden Tisch von Berlin.

85 Die S-Bahnbrücke

Die Stadt des »düsteren Dichters«

Es ist Nacht, das Fenster steht offen. Ein Mann im schwarzen Anzug sucht nach Halt. Er greift nach dem Zipfel der Gardine, balanciert zwischen Absturz und Entschweben. Unter ihm leuchten die Lichter der Stadt, in der Hand hält er die Spritze, die verhängnisvolle. – So malt der Expressionist Conrad Felixmüller seinen Freund. Das Bild entsteht nach Walter Rheiners Selbstmord mit einer Überdosis Morphin, die sich der Dichter am 12. Juni 1925 in einer schäbigen Absteige nahe einer S-Bahn-Brücke bei der Kantstraße spritzt. Er ist 30 Jahre alt geworden. Und dann ist er nahezu vergessen worden. Das Denkmal seines Freundes Felixmüller ist das Einzige, das ihm je gesetzt wurde.

Walter Rheiner ist einer der besten und gleichzeitig hilflosesten Poeten dieser rauschenden Berliner Epoche. Die Zeit nach dem Ersten Weltkrieg ist seine glücklichste, er trifft auf Gleichgesinnte in den Cafés der Stadt, auf Alfred Döblin, Else Lasker-Schüler, Jakob van Hoddis und Gottfried Benn.

Seine Gedichte finden große Beachtung, werden verlegt – nur leben kann er davon nicht. Walter Rheiner nennt sich selbst den »düsteren Dichter«, er schreibt über den Kampf des Überlebens, die Verlockungen, die Drogen, den Tod.

»Ich empfinde das alles: das tiefe Elend, in dem ich liege, das helle Glück, zu dem ich fliege in anderen Stunden; in mir ist die Angst des Bibers; der Hunger des Känguruhs (…); Meine Seele ist ein Zwinger voll wilder Tiere, voll lauernder, boshafter Affen und nagender Hyänen; und ich bin machtlos, arm; ich falle vor ihr nieder wie ein nackter Wilder …«

Er schafft es nicht. Die materielle Not wird existenziell. Seine von ihm leidenschaftlich geliebte Amalie Friederike Olle, mit der er zwei Kinder hat, lässt sich scheiden. Walter Rheiner ist völlig verarmt – und allein mit seiner Angst: »Ich schleife dich; du gelbe Leiche mit dem höhnischen Gesicht; schürfend am Fuß.«

Adresse Fasanenstraße 12, S-Bahnbrücke, 10623 Berlin-Charlottenburg | ÖPNV S5, S7, S75, U2, U9 Haltestelle Zoologischer Garten; U1, Haltestelle Uhlandstraße; Bus M49, X34, Haltestelle Uhlandstraße/Kantstraße; Bus M45, X9, 245, Haltestelle Jebensstraße | Und heute Die genaue Adresse der Pension ist nicht bekannt. Hinter dem Zille-Hof steht noch ein altes Haus. Vielleicht blickte Walter Rheiner hier von einem der Fenster runter auf die S-Bahn-Gleise?

86 Der Salon Kitty

Gesucht: Nationalistische, mannstolle Frauen

»Pension Schmidt«, steht auf dem Schild im dritten Stock. Im Herbst 1939 hängt ein Zettel daneben: »Wegen Renovierungsmaßnahmen vorübergehend geschlossen.« Die Pension von Katharina Schmidt ist auf der ganzen Welt bekannt. Es ist Berlins beste Adresse, ein Edelbordell. Es kommen Diplomaten, Bankiers und hohe Funktionäre her – denn hinter dem unscheinbaren Schild an der Wohnungstür eröffnet sich eine ganz und gar verruchte Welt: Gedämpftes Licht, kaum bekleidete Damen auf roten Samtmöbeln und viel Champagner.

Der NS-Geheimdienst beschließt daher auch, diese Welt nicht zu verbieten, sondern für eigene Zwecke zu nutzen – und renoviert erst einmal. Die Betreiberin Katharina Schmidt, von allen Kitty genannt, wird gezwungen, mitzuspielen. In den Zimmern werden Mikrofone angebracht und im Keller des Hauses eine Abhörzentrale eingerichtet. Außerdem werden Stellen ausgeschrieben: »Gesucht werden Frauen und Mädchen, die intelligent, mehrsprachig, nationalistisch gesinnt und ferner mannstoll sind.« Die 20 ausgewählten Frauen bekommen eine Spionageschulung, denn der NS-Geheimdienst ist sich sicher: Unter dem Einfluss von Alkohol und in den Armen wunderschöner Frauen können den Spionen aus aller Welt, die hier in Berlin ihrer Einsamkeit entfliehen, wertvolle Informationen entlockt werden. Aber, so zahlreich sind die preisgegebenen Geheimnisse dann wiederum auch nicht – was vielleicht auch daran liegt, dass Reinhard Heydrich, der Erfinder der »Geheimen Reichssache Salon Kitty« und Chef des Reichssicherheitshauptamts, selbst ein häufiger Gast im dritten Stock ist – und die Spitzelei so schon bald kein Geheimnis mehr ist. Roger Wilson, einem britischen Agenten, gelingt es sogar, den Spieß umzudrehen – und eine der Prostituierten zu überreden, die Seiten zu wechseln –, sodass schon bald auch der britische Geheimdienst die intimen Gespräche im Salon Kitty mithört.

Adresse Giesebrechtstraße 11, 10629 Berlin-Charlottenburg | ÖPNV S5, S7, S75, Haltestelle Charlottenburg; U7, Haltestelle Adenauerplatz; Bus M19, M29, X10, 101, 109, 110, Haltestelle Olivaer Platz | Und heute Eine beschauliche Ku'damm-Nebenstraße, das Haus steht noch – nur der Stuck ist verloren gegangen. Wer wohl im dritten Stock wohnt?

87 Der Salon und die Dachstube

Die radikale Rahel Levin

Major Peter von Gualtieri hält nichts von zu viel Etikette. Oft verlässt er ganz plötzlich eine Hofgesellschaft – um zu Mademoiselle Levin zu gehen. Denn dort, so belehrt er einmal die Königin, träfe sich die wahre Aristokratie, nämlich die Gebildeten. Wenn Walter, wie Gualtieri im Hause Levin der Einfachheit halber genannt wird, die Wohnung in der Jägerstraße betritt, dann ruft er nicht selten: »Lasst uns über irgendeinen Gegenstand streiten!« Denn das tut er leidenschaftlich gern. Gualtieri akzeptiert keinen Widerspruch – ausgenommen von seiner Freundin Rahel.

Rahel Levin, nach ihrer Hochzeit heißt sie Rahel Varnhagen, ist die Gastgeberin im Salon der elterlichen Wohnung. Hier empfängt sie um 1800 unter anderem Friedrich Schlegel, Ludwig Tieck, Alexander und Wilhelm von Humboldt, Friedrich de la Motte-Fouqué und sogar Louis Ferdinand von Preußen. Sie schenkt jedem Gast größte Aufmerksamkeit – und verfolgt mit scheinbar unstillbarem Interesse die Debatten in ihrem Haus. Rahel Levin ist Selbstdenkerin, Autodidaktin – und sie hat, wie es heißt, Witz. Diesem Esprit und Geist verdankt sie es, dass das rote Eckzimmer nach und nach in ganz Berlin bekannt wird – als Raum, in dem sich Bürgerliche und Adlige, Christen und Juden, Gelehrte und Künstler treffen. Menschen, die sich »draußen« nicht begegnen. Wenn Rahel Levin ein Einfall erfreut, dann kann sie ihm eine Springflut von Gedanken folgen lassen, die die Gäste im Salon mitreißt und die nicht selten voller Tiefsinn und Genie ist. Wenn einer ihrer Gäste sie persönlich sprechen möchte, steigt er zusammen mit ihr in die Dachstube, wo sie sich Zeit nimmt, ihr Gegenüber zu ergründen und ihm zuzuhören.Nicht selten weiß sie Rat und kann helfen. Rahel Levin versteht schließlich nur zu gut, wie es ist, wenn man mit seiner Rolle in der Gesellschaft hadert: Ihr Leben lang fühlt sie sich als Frau und Jüdin als Außenseiterin.

Adresse Jägerstraße 54, 10117 Berlin-Mitte | **ÖPNV** U2, Haltestelle Hausvogteiplatz; U6, Haltestelle Französische Straße; Bus M48, 265, Haltestelle Jerusalemer Straße; Bus 147, Haltestelle U Französische Straße | **Und heute** 1915 ist hier die Griechische Botschaft eingezogen. Tipp: Die Berliner Dependance der Emil-Nolde-Stiftung zeigt im Nachbarhaus wechselnde Ausstellungen mit Werken des Künstlers.

88 Die Samariterkirche

Wo alles beginnt

Es spricht sich blitzartig herum, nicht nur in Berlin – in der ganzen DDR weiß 1979 bald jeder: In einer Kirche in Berlin-Friedrichshain traut sich ein Pfarrer Unglaubliches: Er veranstaltet gemeinsam mit oppositionellen Musikern Bluesk0nzerte – mit Diskussionen zu Themen wie »Freiheit, die wir meinen«, »Überwindung der Angst« und »Rückgrat gefragt«.

Für Pfarrer Rainer Eppelmann sind diese Veranstaltungen aber ein nächster, notwendiger Schritt. Die Menschen aus seiner Gemeinde erzählen ihm von ausweglosen Situationen, viele von ihnen sind verzweifelt. Oft wissen sie nicht, wem sie noch trauen können. Rainer Eppelmanns Abneigung und Verachtung gegen das DDR-Regime wachsen bei jedem Gespräch. Der Pfarrer mit der Schiebermütze und dem Bart kann keine Lösungen anbieten – aber der Gedanke an eine Veranstaltung von allen für alle, um sich gegen die Repressionen von oben zusammenzuschließen, nimmt immer mehr Form an.

Ungefähr 100 Jugendliche kommen zu der ersten Bluesmesse. Doch schon beim zweiten und dritten Mal ist die Kirche schwarz von Menschen, und draußen auf dem Platz drängen sich die Gruppen, die aus dem ganzen Land angereist sind. Rainer Eppelmann muss die Bluesmesse dreimal hintereinander halten, sechs oder sieben Stunden am Stück – und trotzdem reisen am Abend einige wieder ab, ohne die Kirche überhaupt betreten zu haben. 1983 kommen 7.000 Menschen aus der ganzen DDR, um dabei zu sein. Die DDR-Regierung erklärt die Messen von Rainer Eppelmann als »Sabotage der offiziellen Jugendpolitik« und möchte die Veranstaltungen absagen. Das gelingt zwar anfangs nicht, doch schließlich werden die Bluesmessen im Herbst 1986 verboten. Aber da haben sich bereits im ganzen Land Friedensgruppen gebildet, die Meinungsfreiheit fordern und schließlich Demonstrationen in allen Städten organisieren, auf denen sie rufen: »Wir sind das Volk!«

Adresse Samariterplatz, 10247 Berlin-Friedrichshain | ÖPNV S8, S9, S41, S42, S85, Haltestelle Frankfurter Allee; U5, Haltestelle Samariterstraße; Tram 21, Haltestelle Samariterstraße | Und heute Die Kirche liegt eingebettet in einer ruhigen Friedrichshainer Wohngegend. Auf der kleinen Allee vor der Kirche kann man ein unaufgeregtes Straßenleben genießen.

89 Die Scheune des Schulzen Willmann

Kleists erste Tageszeitung

Am 29. September 1810 findet der Schulze Willmann einen Zettel auf seinem Hof, welcher die Bauern in Alt-Schöneberg in Angst und Schrecken versetzt. »Wir sind unsrer neune / Wir stehen hinter Schulze Willmanns Scheune / und manchen wohlbekannt: / Morgen wird Schöneberg abgebrannt.« Jeder in der Umgebung weiß, wer der Verfasser dieser Abwandlung des »Mordbrennerliedes« ist: Brandstifter Horst und seine Bande. Und obwohl das Dorf gewarnt ist, brennt am Abend die Scheune des Schulzen lichterloh. Gleichzeitig geht auf der anderen Seite des Dorfes eine Ulme in Flammen auf. Drei Bauernhöfe brennen ab.

Der 1. Oktober 1810 – einen besseren Zeitpunkt hätte sich Der 1. Oktober 1810 – einen besseren Zeitpunkt hätte sich Heinrich von Kleist für die erste Ausgabe seiner neuen Tageszeitung »Abendblätter« nicht aussuchen können. Noch dazu, da er mit etwas ganz Neuem herauskommt: Kleist druckt als Erster die täglichen Polizeiberichte ab und berichtet im Lokalteil ausschließlich über das Treiben der Brandstifter. Die »Abendblätter« sind ein Volltreffer. Bisher wurden in den Zeitungen ausschließlich literarische Essays, Erzählungen oder Kritiken abgedruckt – um zu erfahren, was sich in der Umgebung abspielt, waren Gerüchte die einzige Nachrichtenquelle. Kleist berichtet nun nicht nur über aktuelle Ereignisse – er fordert die Leser auch auf, der Polizei zu helfen. Und als der Kopf der Horst'schen Bande verhaftet wird, berichtet der Herausgeber selbst über die Gefangennahme des gefürchteten Brandstifters, die mit Hilfe eines Bürgers glückte: Nach dem Brand hatte sich Horst die Taschen im Haus des Schulzen Willmann gefüllt und wollte »sorglos, eine Pfeife in der Hand haltend, durch das Potsdamsche Thor« in die Stadt gehen – da erkannte ein Torwächter die Pfeife als Pfeife des Schulzen wieder – und übergab Horst der Polizei, die Alt-Schöneberg gerade wieder verlassen wollte.

Adresse Hauptstraße 46, 10827 Berlin-Schöneberg | ÖPNV S1, S41, S42, S46, Haltestelle Schöneberg; U4, Haltestelle Innsbrucker Platz; Bus M46, M48, M85, 104, 187, 248, Haltestelle Dominicusstraße/Hauptstraße | Und heute Die Kirche von Alt-Schöneberg steht noch, neben ihr rauscht der Verkehr auf der Hauptstraße von Nord nach Süd. Dahinter versteckt sich ein verwunschener Friedhof.

90 Das Schloss auf Rädern

Der König von Albanien

Vor dem Haus Nummer 43 steht ab dem Jahr 1913 nicht selten ein Wagen. Er sieht so aus, wie Kinder Königsschlösser malen, mit zwei Türmen und vielen gemalten Zinnen und Fensterchen. Es ist Otto Wittes Schaustellerwagen, sein »Schloss auf Rädern«. Damit fährt er von Jahrmarkt zu Jahrmarkt als »Ehemaliger König von Albanien und größter Weltabenteurer« – und erzählt die unglaubliche Geschichte, wie er für fünf Tage König von Albanien war.

Mit acht Jahren verlässt Otto Witte die Schule und reist als Schaustellergehilfe durch Deutschland. Er ist Zauberkünstler, Feuerschlucker und später Tierfänger in Afrika, wo er sich in die Tochter des abessinischen Herrschers Menelik II. verliebt. Er versucht, die Prinzessin zu entführen, was aber missglückt. Später reist Witte durch ganz Südamerika – bis er schließlich in der Türkei Karriere macht als Major der Spionageabwehr. Doch 1913 quittiert er von einem Tag auf den anderen den Dienst. Er hat nämlich erfahren, dass der türkische Prinz Halim Eddin zum König von Albanien gekrönt werden soll. Und da er selbst dem türkischen Prinzen fast bis aufs Haar gleicht, hat Witte eine ungeheuerliche Idee: Er meldet die verfrühte Ankunft des türkischen Prinzen und reist in einer ausgedachten Uniform nach Albanien – wo er am 15. Februar 1913 zum König gekrönt wird. Tausende Albaner jubeln ihm zu, er gibt unzählige Empfänge und Festessen – aber Witte weiß, dass dieses Gastspiel nicht von langer Dauer ist. Am Morgen des fünften Tages flieht er rechtzeitig vor der Ankunft des echten Prinzen Halim Eddin in Bettlerkleidung nach Deutschland.

Wenn ihm auf den Jahrmärkten einer der Zuhörer vor dem »Schloss auf Rädern« seine Geschichte nicht glaubt, dann holt Otto Witte seinen Ausweis aus der Tasche: Dort hat er sich nach seiner Rückkehr aus Albanien seinen neuen Titel eintragen lassen: »Otto Witte, ehem. König von Albanien«, steht da, und der Stempel der Behörde beglaubigt es.

Adresse Wollankstraße 43, 13359 Berlin-Pankow | ÖPNV S1, S25, S85, Haltestelle Wollankstraße; Bus M27, 255, Haltestelle St.-Elisabeth-Kirchhof | Und heute Eine Wohngegend ist es noch, genau wie früher, aber heute schlichte Schachtel-Blöcke aus den 1960er Jahren, Reihengaragenplätze gibt es für 30 Euro im Monat.

91 Die Siegesallee

Der Kaiser und seine Marmor-Puppen

Kaiser Wilhelm II. ist ein Kaiser, der den Prunk schätzt und Prestige liebt. Er verkündet: Berlin soll die schönste Stadt der Welt werden. Zunächst einmal heißt das aber, dass sich Berlin für Jahre in eine einzige große Baustelle verwandelt. An seinem Geburtstag am 27. Januar 1895 gibt der Kaiser bekannt, was er sich gewissermaßen für sich selbst als Geschenk ausgedacht hat: Alle Herrscher von Brandenburg sollen, in Marmor gehauen, die Siegesallee im Tiergarten säumen – und Ruhm und Glanz des Landes zur Schau stellen.

Alle Bildhauer in der Stadt werden mit den insgesamt 64 Büsten und Statuen beauftragt – und bei ihrer Arbeit bis ins Detail vom Kaiser überwacht. Die Gemälde, Stiche, Münzen oder Siegel helfen als Vorlagen – doch die Künstler, die den Auftrag für einen Fürsten aus dem Mittelalter bekommen, müssen improvisieren: Der Bildhauer Walter Schott beispielsweise stellt sich Wigger von Brandenburg als mageren, halb verhungerten Priester vor, weil sein Name hart und trocken klingt – und es in Brandenburg ja auch nicht so viel zu essen gab; für Albrecht den Bären hat Schott, wie er später gesteht, ein klein wenig selbst in den Spiegel geschaut, und Otto von Bamberg hat er sich rundlich und behäbig vorgestellt. Er schaltet eine Annonce und findet auch prompt zwei passende Modelle: Für Otto von Bamberg einen dicken Küfer und für den Brandenburger Bischof einen märkischen Fischer.

Viele Berliner Bildhauer suchen nun in Bekanntenkreisen nach markanten Gesichtern. August Kraus bittet seinen Freund Heinrich Zille, für Ritter Wedigo Modell zu stehen. Zille lässt das nicht unkommentiert: »Nu steh ick in Stein jehaun uff de Siejesallee. Det bin ick – mit Knollenneese.«

Für die Berliner aber führt die neue »Puppenallee« das fort, was mit den ersten Tiergarten-Skulpturen von Friedrich II. bereits begann: Wer lange unterwegs war, draußen im Tiergarten – der war, ganz klar: »bis in die Puppen«.

Adresse Zwischen Platz der Republik und Kemperplatz, 10557 Berlin-Tiergarten | ÖPNV S1, S2, S25, U2, Haltestelle Potsdamer Platz; Bus M41, M48, 200, Haltestelle S+U Potsdamer Platz | Und heute Die Rote Armee zerstörte 1945 die kaiserliche Prunkachse und setzte ein eigenes Ehrenmal in die Mitte. Aber ein schmaler Fußweg von dort zum Kemperplatz zeigt, wo die Siegesallee einst verlief.

92 Das Sound

Europas modernste Diskothek

Überall in der Stadt leuchtet er von unzähligen Plakaten: ein knallroter Mund, über den eine ebenso knallrote Zunge leckt. Darüber steht: SOUND – Europas modernste Diskothek.

Und das stimmt wahrscheinlich: In der umgebauten Tiefgarage in Tiergarten gibt es in den 1970er Jahren die ersten Laserprojektionen, eine Nebelmaschine und ein Videoaufzeichnungsgerät. Den Stempel, den man am Eingang bekommt, sieht man nur unter Schwarzlicht. Es gibt ein Kino, in einem eigenen Raum kann man über Aufnahmebuchsen die laufende Musik auf Kassetten aufnehmen, und das Cover des aktuellen Songs wird vom DJ auf die Wand projiziert. Das Sound ist jeden Tag geöffnet, ab 19 Uhr. Aber nicht nur die Musik zieht die Diskobesucher aus der ganzen Stadt magisch an, nicht nur das Gerücht, dass Mick Jagger und David Bowie hier gewesen seien, macht das Sound zur Westberliner Kultstätte, sondern es sind auch die Drogen, die diesen Ort so berühmt machen.

Auch Christiane F. geht ins Sound. Ein Traumplatz für ein kleines Mädchen, das immer zwischen Rudow und Gropiusstadt hin- und herpendelt, erzählt sie in dem Buch »Wir Kinder vom Bahnhof Zoo«. Christiane F. stellt sich das Sound als einen Glitzerpalast vor, mit lauter coolen Typen, wahnsinnigen Lichteffekten und mit der geilsten Musik.

Als sie mit 13 Jahren das erste Mal in den Club kommt, ist sie enttäuscht: Ein Keller mit niedriger Decke, laut und dreckig. Auf der Tanzfläche tanzt jeder für sich. »Es war unheimlich miefig. Eine Windmaschine quirlte den Mief ab und zu durcheinander.« Aber es dauert nicht lang, und es gibt für Christiane F. kein Wochenende mehr ohne Sound, ohne ihre neue Clique: »Astrein die Aufmachung, lange Haare und zehn Zentimeter hohe Stiefelsohlen. Meine Stars, die Stars des Sound.« Hier wird Christiane F. bald schon zum ersten Mal Heroin nehmen, an ihrem 14. Geburtstag.

Adresse Genthiner Straße 26, 10785 Berlin-Tiergarten | ÖPNV U4, Haltestelle Kurfürstenstraße; Bus M29, Haltestelle Gedenkstätte Deutscher Widerstand; Bus M48, M85, Haltestelle Lützowstraße/Potsdamer Straße | Und heute Inzwischen ist hier eine Seniorenresidenz mit Geranien in den Blumenkästen inmitten einer skurrilen Einrichtungs-Meile und dem Straßenstrich.

93_Der Sportpalast

Eine Hymne für das Sechstagerennen

Vor den Kassen drängen sich die Menschen. Sie sind bepackt mit Körben, ziehen Handwagen hinter sich her, tragen Kinder auf den Armen, und in den Rucksäcken haben sie nicht selten ihre Hunde und Kanarienvögel versteckt. Es ist zwar verboten, Tiere mit in den Sportpalast zu nehmen, aber die Menschen haben schließlich vor, für mehrere Tage nicht nach Hause zu kommen. Es ist Sechstagerennen, das gesellschaftliche Großereignis überhaupt in den 1920er Jahren. Die Radrennfahrer drehen in Zweier-Teams ihre Runden, Kilometer um Kilometer, Tag und Nacht.

Aber das eigentliche Spektakel spielt sich um die Bahn herum ab: Wenn ein Fahrer auf der Bahn »vorstößt«, dann mischt sich beim gemeinsamen Aufschrei aus 10.000 Kehlen, was normalerweise streng getrennt bleibt. Aber natürlich sind die Schichten auch im Sportpalast räumlich voneinander abgegrenzt: Oben auf dem »Heuboden« stehen die Menschen dicht gedrängt, es riecht nach Bier und Essen – und unten kommt um Mitternacht herum die feine Gesellschaft aus den Opernhäusern und Theatern an und genießt in Abendgarderobe: ihren eigenen Auftritt.

Aber auch oben gibt es Auftritte, die Aufsehen erregen: Reinhold Habisch, genannt »Krücke«, kennt jeder im Sportstadion. Mit seinen Witzen und Sprüchen ist er der Star der oberen Reihen. Seinen Stammplatz hat »Krücke« in der zweiten Galerie der steil aufragenden Westkurve. Dort residiert er – und lässt von Zeit zu Zeit eine Büchse an einer Schnur hinunter zu den unteren Reihen, um ein paar Münzen für die nächste Bierrunde einzusammeln.

Zum Sechstagerennen gehört auch Musik. Ein beliebtes Stück der Kapelle ist ein Walzer mit dem Titel »Wiener Praterleben«. Doch berühmt wird er am Ende durch »Krücke«, der aufsteht und laut und frech dazu pfeift. Diese Pfiffe sind seither nicht mehr vom »Wiener Praterleben« wegzudenken – und das Stück wird zur Hymne für das Sechstagerennen.

Adresse Potsdamer Straße 172, 10783 Berlin-Schöneberg | **ÖPNV** S1, S2, S25, Haltestelle Yorckstraße; U2, Haltestelle Bülowstraße; U7, Haltestelle Kleistpark; Bus M48, M85, 106, 187, 204, Haltestelle Goebenstraße | **Und heute** Das Pallasseum ist ein sozialer Wohnungsbau, der sich berappelt hat. Den Hochbunker haben die Schüler der Sophie-Scholl-Oberschule zum »Ort der Erinnerung« erklärt.

94 Die Sprungschanze

Berlin kann auch Wintersport

Es liegt viel Schnee an diesem Dreikönigstag im Jahr 1924. Die Sportgruppe »Jugendbund Pallas« trifft sich heute nicht, um wie gewöhnlich zusammen zu wandern, sondern um zu dem höchsten Berg von Berlin zu fahren – zum Großen Müggelberg mit seinen immerhin 115 Metern Höhe. Mit dabei haben sie ein Paar Skier und einen Bobschlitten, den ihr Gruppenleiter Helmut Tornow selbst gebaut hat. In Frankreich werden in diesem Jahr zum allerersten Mal die Olympischen Winterspiele ausgetragen – der Wintersport und die nordischen Disziplinen sind daher in diesen Tagen das angesagte Thema überhaupt und lassen auch die Jugendgruppe vom Sportverein Pallas nicht kalt.

Der Ausflug wird ein voller Erfolg, und noch im gleichen Winter wird die Gruppe nach Freienwalde zu den »Märkischen Wintersporttagen« eingeladen. Dort, im hügeligen Nordosten außerhalb Berlins, wagt Helmut Tornow – inzwischen hat der Sportverein bereits drei Paar Skier – den Sprung von der Schanze. Er landet bei neun Metern. Und als er nach Berlin zurückkommt, weiß Tornow, dass auch sein Verein eine Schanze braucht. Die Skisprungschanze wird bei Onkel Toms Hütte errichtet – und von nun an heißt der »Jugendbund Pallas« »Skigruppe Pallas«. Den Schanzenrekord an der Berliner Schanze stellt Helmut Tornow 1930 selbst auf: 14 Meter.

Doch trotz allem Eifer und dem unermüdlichen sportlichen Ehrgeiz: Es fehlt den Berliner Wintersportlern an geeigneten Abhängen und nicht selten auch an ausreichend Schnee. Auch der Teufelsberg, der, nach dem Zweiten Weltkrieg aus Trümmern errichtet, den Berlinern eine kleine Bergwelt vorspielt, kann darüber nicht hinwegtäuschen, dass die nordischen Disziplinen in Berlin nicht so recht Fußfassen können. Zumindest nicht in ihrer bekannten Form. Denn die Berliner lassen sich den Wintersport nicht nehmen: sei es zum Langlauf, mit den Wasserskiern auf der Havel, auf Rollskiern im Olympiastadion oder beim Gras-Ski-Wedeln an den Hängen desTeufelsbergs.

Bild Wintersport im Grunewald | **Adresse** Onkel-Tom-Straße (Höhe Nummer 167), 14169 Berlin-Zehlendorf | **ÖPNV** U3, Haltestelle Onkel-Toms-Hütte; Bus 118, Haltestelle U Onkel-Toms-Hütte | **Und heute** Die Schanze steht nicht mehr, aber der Hang ist ein beliebter Schlittenberg und erinnert so jeden Winter an die Hochzeiten des Berliner Wintersports.

95 Die Stadtkommandantur

Eine neue Zeitrechnung

Die deutsche Armee ist besiegt – und von allen Seiten rücken die Alliierten auf Berlin zu. Als Erstes erreicht Generaloberst Nikolai Bersarin am 21. April 1945 mit einem sowjetischen Stoßtrupp den nordöstlichen Berliner Stadtrand. Drei Tage später wird er zum Stadtkommandanten und obersten Befehlshaber der sowjetischen Garnison von Berlin ernannt. Er richtet die sowjetische Stadtkommandantur in Berlin-Lichtenberg ein – und kümmert sich von dort aus darum, dass in Berlin erst das alltägliche und später ein kulturelles Leben wieder möglich ist.

Doch angesichts dieser vielen und scheinbar nicht zu bewältigenden Aufgaben veranlasst Bersarin in einer seiner ersten Anordnungen zuerst einmal, dass die Berliner Uhren nach Moskauer Zeit laufen sollen. Die westlichen Alliierten lassen noch auf sich warten – und es ist Bersarin zu umständlich, bei seinen Absprachen mit Moskau immer die Zeitdifferenz zu berücksichtigen. So werden die Berliner Uhren um eine Stunde vorgestellt. Außerhalb der Stadtgrenze läuft allerdings nach wie vor die alte Zeit – und wenn es in Brandenburg 12 Uhr ist, sind die Berliner bereits um eine Stunde weiter.

Als die Westalliierten schließlich in Berlin eintreffen, protestieren sie schon bald gegen die sowjetische Sonder-Zeitzone in Berlin. Vor allem die Engländer wollen ihren Fünf-Uhr-Tee nicht verschieben. Aber die Unterzeichnung der bedingungslosen Kapitulation Deutschlands in Karlshorst findet noch nach Moskauer Zeit statt: Um 0.43 Uhr am 9. Mai 1945. Dieser historische Tag hätte also ohne die neue Zeitrechnung des sowjetischen Stadtkommandanten ein anderes Datum gehabt, nämlich noch den 8. Mai – das Datum, für das die Unterzeichnung aller vier Alliierten auch angesetzt war.

Nach vier Monaten, im September 1945, werden die Uhren von Berlin wieder zurückgestellt. Generaloberst Nikolai Bersarin erlebt dies allerdings nicht mehr, im Juni kommt er bei einem Motorradunfall ums Leben.

Bild Generaloberst Nikolai Berserin | Adresse Alt-Friedrichsfelde 1–3, 10315 Berlin-Lichtenberg | ÖPNV S5, S7, S75, U5, Haltestelle Lichtenberg; Bus 108, 296, Haltestelle Einbecker Straße/Rosenfelder Straße | Und heute Die drei alten Häuser stehen immer noch – Tag und Nacht umtost vom Verkehr der sechsspurigen Tangente B1.

96 Der Straßenbahntunnel

Freie Fahrt für die Knüppelbahn

Berlin liegt weit zurück: Während in London die U-Bahnen Ende des 19. Jahrhunderts bereits unter der Themse hindurchrauschen, ruckeln in Berlin die Trams nach wie vor durch den immer dichter werdenden Verkehr. Als die AEG 1891 dem Berliner Magistrat Pläne für den Ausbau eines Hoch- und Untergrundbahn-Netzes vorlegt, winkt die Stadtverwaltung ab: Der sandige Boden von Berlin sei vollkommen ungeeignet für eine derartige Nahverkehrsverbindung.

Aber die Vorkämpfer der AEG bleiben hartnäckig – und wollen einen Beweis liefern: Ein Testtunnel soll gebaut werden, außerhalb der Stadt und unter den denkbar schwersten Bedingungen. Damit wollen die Ingenieure die Vorbehalte und Ängste auch in der Bevölkerung dämpfen.

Der erste Straßenbahntunnel soll die Halbinsel Stralau und den Treptower Park verbinden. Mit der neuen Schildvortriebstechnik graben sich die Vorarbeiter Meter für Meter unter der Spree durch den Boden. Leider sind die Voraussetzungen tatsächlich so schlecht, dass der Tunnel nicht rechtzeitig fertig wird. Eigentlich sollte er für die Gewerbeausstellung 1896 im Treptower Park die Hauptattraktion werden. Erst drei Jahre später ist es dann so weit: Die erste Straßenbahn fährt unter der Spree hindurch und kommt am anderen Ufer wieder aus dem Tunnel heraus. Die Ausflügler erinnern sich hinterher mit wohligem Grusel an ihre Fahrt unter dem Wasser.

Der eingleisige Straßenbahntunnel ist 454 Meter lang, und die Fahrt dauert zwei Minuten. Um zu verhindern, dass zwei Trams gleichzeitig von beiden Seiten in den Tunnel fahren – und womöglich im Tunnel zusammenstoßen –, greift man zu einem Hilfsmittel: einem Knüppel. Nur der Fahrer, der den Knüppel hat, darf in die Röhre hineinfahren, und kommt er auf der anderen Seite wieder raus, gibt den Knüppel dort wieder ab.

Und die Knüppelbahn überzeugt: Nur drei Jahre später fährt die erste U-Bahn zwischen Potsdamer Platz und Stralauer Tor.

Adresse Tunnelstraße 12, 10245 Berlin-Treptow | **ÖPNV** Bus 104, 347, Haltestelle Tunnelstraße | **Und heute** Die Tunneleinfahrt lässt sich auf beiden Seiten noch erkennen, in Stralau liegt sie direkt neben der alten Dorfkirche.

97__Der Tegeler See

Eine Rettungsaktion

Es gibt kein Zurück mehr. Tag und Uhrzeit stehen fest: Am 25. März 1852 um 8 Uhr morgens wird das Pistolenduell stattfinden. Da es verboten ist, sich zu duellieren, werden diese Vereinbarungen geheim gehalten, und nur die beiden Duellanten, ein Arzt und die Sekundanten wissen davon.

Es ist ein strahlend schöner Morgen, als alle an dem abgelegenen Ufer des Tegeler Sees erscheinen: Otto von Bismarck und Georg von Vincke stapfen durch den Neuschnee, der sich über die Knospen an den Büschen und Bäumen gelegt hat und in der Sonne glitzert. Es geht um die Ehre, um die politische Zukunft, kurz: um alles. In einem Brief schrieb Bismarck, ob er wirklich schießen würde, könne er nicht sagen – aber dass er das Duell annehmen musste, daran habe es keinen Zweifel gegeben.

Der Ton zwischen dem Konservativen Bismarck und dem Liberalen Vincke ist seit Jahren gereizt. Und dann kam es zum Eklat, als Georg von Vincke eine Geschichte ausplauderte, die Bismarck ihm von seinen ersten diplomatischen Erfahrungen in Frankfurt erzählt hat: Bismarck war vom österreichischen Präsidialgesandten nicht ganz angemessen im Sitzen und mit brennender Zigarre empfangen worden. Da hat er sich dazugesetzt und um Feuer für seine Zigarre gebeten. Das ist schon alles, harmlos eigentlich. Dass aber Vincke diese Anekdote öffentlich rumerzählt hat und sich auch noch darüber köstlich zu amüsieren schien, hat Bismarck derart geärgert, dass er dem liberalen Politiker schlechte Manieren vorwarf. Eine derartige Beleidigung konnte dieser selbstverständlich nicht auf sich sitzen lassen – und forderte eine Duellierung, die wiederum Bismarck nicht ablehnen konnte.

Inzwischen sind die ausgemachten 15 Schritte Abstand abgezählt, die beiden stehen einander gegenüber, die Schüsse fallen gleichzeitig – und verfehlen beide. Die Rivalen geben sich die Hand, der Streit ist beendet, die Ehre wiederhergestellt.

Bild Reichskanzler Otto von Bismarck, 1890 | **Adresse** Bernauer Straße (Ostufer), 13599 Berlin-Reinickendorf | **ÖPNV** Bus 222, Haltestelle Försterweg (circa 1 Kilometer Fußweg) | **Und heute** Am Ostufer gibt es die ein oder andere kleine Badebucht – bei gutem Wetter kommt das Imbiss-Boot vorbei.

98 Die Telefonzelle

Von dem »Glasklar«-Kurs der DDR-Regierung

Am Morgen des 19. März 1988 halten die Bürger der DDR wie gewohnt die Ausgabe ihrer Tageszeitung »Neues Deutschland« in den Händen. Und wie immer prangt über den bekannten Versalien auf dem Titelblatt der Slogan: »Proletarier aller Länder vereinigt euch« – und auch ein Foto von Erich Honecker auf der ersten Seite fehlt nicht. Aber der Aufmacher kommt dann für alle Leser vollkommen unerwartet. Nach dem Glasnost-Vorbild möchte Erich Honecker jetzt nicht länger hintanstehen. Der neue Kurs der SED-Regierung heißt: »Glasklar – für Transparenz und Pluralismus in der DDR«. Es ist von Pressefreiheit, von der Freilassung von über 5.000 Gefangenen und von Glückwünschen Gorbatschows die Rede. Die Anzeige eines Reisebüros wirbt für Flüge nach Los Angeles, Rom und Madrid – wahlweise vom Flughafen Tegel oder Schönefeld. Und nicht nur der Staatssicherheit ist ziemlich schnell klar, dass mit dieser Ausgabe etwas nicht stimmt.

Die Redakteure des Hamburger Magazins »Tempo« haben es geschafft, am frühen Morgen dieses falsche »Neue Deutschland« nach Ostberlin zu schleusen. Sie nutzten dafür einen Service der Interhotels: Ausländische Hotelgäste werden nämlich direkt vom Flughafen abgeholt und, fast ohne kontrolliert zu werden, mit dem Auto in das Hotel gebracht. Dort angekommen, wurden die Zeitungen weiterverteilt: in Straßenbahnen, auf Parkbänken und eben auch in und neben den wenigen Telefonzellen in der Stadt, die jeden Tag Anlaufstellen für viele sind. Während auf den ersten beiden Seiten der gestelzte Stil das Bürokratendeutsch der Funktionäre beinahe noch übertrifft, geht es auf Seite 3 um die weniger staatstragenden Themen. Es gibt einen Testbericht über den neuen Trabbi Turbo KMS und eine Umfrage, was man aus der Mauer machen könnte, wo sie ja jetzt bald nicht mehr gebraucht werde. Auf der letzten Seite steht das Fernsehprogramm: um 16.30 Uhr: »Up, up and away – Englisch lernen«, und um 18.30 Uhr: »Die Mielkes von nebenan«.

Adresse Warschauer Straße auf dem Grünstreifen zwischen Revaler und Kopernikusstraße, 10243 Berlin-Friedrichshain | ÖPNV S3, S5, S7, S75, Haltestelle Warschauer Straße; Tram M10, M13, Bus 347, Haltestelle Revaler Straße | Und heute Telefonzellen gibt es hier keine einzige mehr, aber man findet sicherlich problemlos ein offenes WLAN-Netz in den Cafés und Hostels drum herum.

99 Am Tisch der Frankes

Sumpfige Zeiten

»Wo der vorbeiging, quietschten keine Türen mehr.« Kurt Franke ist in den 1980er Jahren einer der erfolgreichsten Bauunternehmer Westberlins. In Tiergarten lässt der 70-Jährige so viele neue Häuser bauen, dass der Bezirk den Beinamen »Frankistan« trägt. Das Ehepaar Franke lädt die Politiker der Stadt regelmäßig zum Abendessen in ihr Hotel Excelsior ein – und sozusagen als Bonbon bekommt der Gast nicht selten zum Abschied ein gefülltes Kuvert überreicht.

1983 erhält auch der Charlottenburger Baustadtrat Wolfgang Antes Briefumschläge von Franke. Im Gegenzug muss dieser beim Bau seines neuen Hotels nicht die gesetzlich vorgeschriebenen Parkplätze nachweisen, und auch die aufgestellte Ablösesumme fällt irgendwo unter den Tisch und muss nicht bezahlt werden. Dass im Baugeschäft das ein oder andere Schmiergeld fließt, ist für Westberlin keine allzu große Überraschung. Richtfeste auf Großbaustellen zählen nicht umsonst zu den wichtigsten gesellschaftlichen Ereignissen der Stadt.

Im November 1984 stößt die Sonderkommission der Kripo bei einer Untersuchung im Büro des Bauunternehmers Kurt Franke allerdings zufällig auf ein Beweisstück, das sie sich wohl auch in ihren kühnsten Ermittler-Träumen kaum erhoffen konnten: Es ist FrankesTaschenkalender vom Jahr 1984.

Darin steht fein säuberlich notiert: *12 / 82 25 Diep* oder *1 / 83 50 Ant* und *2/83 10 Ribi*. Die Abkürzungen lassen sich unschwer entschlüsseln. Es geht um die Bonbons. Nicht nur Wolfgang Antes hat also 50.000 Mark bekommen, auch Eberhard Diepgen erhielt einen Briefumschlag, ebenso der SPD-Schatzmeister Klaus Riebschläger und viele mehr. Die Frage, warum Kurt Franke derart delikate Angelegenheiten einfach so im Kalender vermerkte, bleibt unbeantwortet: Konnten die Umschläge tatsächlich derart zur Gewohnheit werden – oder drohte Kurt Franke irgendwann schlicht den Überblick zu verlieren?

Adresse Hotel Excelsior, Hardenbergstraße 14, 10623 Berlin-Charlottenburg | ÖPNV S5, S7, S75, U2, U9, Haltestelle Zoologischer Garten; Bus M 45, 245, Haltestelle Steinplatz | Und heute Das frühere Hotel in Ku'damm-Nähe steht seit einigen Jahren leer, die Tür zum angeschlossenen Restaurant »Franke« ist verrammelt.

100 Der Titania-Palast

Musik für einen Neuanfang

Wie soll man Brahms' 2. Sinfonie spielen, wenn kein Kontrafagott aufzutreiben ist? Zwölf Tage lang fährt Leo Borchard auf einem Fahrrad durch die Trümmer von Berlin, sammelt Genehmigungen ein, guckt sich Säle an, leiht Musikinstrumente und vor allem: trommelt Musiker zusammen.Man sieht ihm die Erschöpfung an, als er schließlich am 26. Mai 1945, knapp drei Wochen nach der Kapitulation, im Steglitzer Titania-Palast vor die Berliner Philharmoniker tritt. Allen ist bewusst, dass sowohl die Besetzung als auch die Ausstattung improvisiert sind, aber schon die ersten Takte von Mendelssohns Sommernachtstraum, mit welchem das Konzert beginnt, rühren die Menschen im Publikum zu Tränen. Zwölf Jahre lang war die Musik des jüdischen Komponisten verboten. Und für Leo Borchard erfüllen sich mit diesem Konzert gleich zwei Träume. Zum einen der langjährige, die Philharmoniker dirigieren und leiten zu dürfen, und zum anderen der Traum, mit Musik ein Zeichen zu setzen für einen Neuanfang. Auf eine Zusammenarbeit mit den Nationalsozialisten hat sich der Dirigent nie eingelassen – und jetzt, da ist er sich sicher, wird es endlich wieder weitergehen, auch für Deutschland.

Doch noch herrscht Chaos in der Stadt, das Leben in Berlin ist nach wie vor unberechenbar: Drei Monate nach dem Konzert im Titania-Palast. Es ist spät geworden, schon nach Mitternacht. Der Dirigent fährt von einem Abendessen nach Hause. Kurz vor dem Kontrollpunkt zwischen der englischen und der amerikanischen Zone am Kaiserplatz sieht er, dass man ihm heftig mit Taschenlampen zuwinkt. Doch er fährt weiter. Schüsse fallen, Leo Borchard wird getroffen und ist sofort tot.

Er konnte nicht ahnen, dass wegen Unruhen zwischen Russen und Amerikanern in Berlin kurzfristig die Anweisung gegeben wurde, an den US-Checkpoints alle Fahrzeuge zu kontrollieren. Es gab auch die Anweisung zu schießen, wenn sich ein Fahrzeug widersetzen sollte.

Adresse Gutsmuthsstraße 27–28, 12163 Berlin-Steglitz | ÖPNV S1, Haltestelle Feuerbachstraße; U9, Haltestelle Walther-Schreiber-Platz; Bus M48, M76, M85, X76, 181, 186, Haltestelle U Walther-Schreiber-Platz | Und heute An die große Zeit des Filmtheaters erinnern noch die Fassade und der Beleuchtungsturm, der heute wie damals alle Abende mit 27 Beleuchtungsringen strahlt.

101 Die Trabrennbahn Karlshorst

Der Wettkönig von Berlin

Max Klante ist ein Mann von Welt. Zumindest weiß er, wie man sich als einer ausgibt: Weißer Anzug, weißer Hut, Kennerblick – so betritt er die Tribünen der Pferderennbahnen. In Wirklichkeit ist Klante ein erfolgloser Fotograf, der sich mit seinen Wettgeschäften mehr schlecht als recht über Wasser hält.

Aber Max Klante hat einen Traum, der ihn nicht loslässt: Er möchte einen eigenen Rennstall gründen. Um das nötige Kapital zusammenzubekommen, gründet Max Klante 1920 ein Wettbüro. In einer berlinweiten Werbekampagne verspricht er, die Einsätze innerhalb weniger Monate zu verfünffachen. Anfangs geben sich die Anleger zögerlich. Aber als auf den Tag genau die ersten Gewinne ausgezahlt werden, spricht sich dies blitzartig herum, und Anleger von überall her strömen in das elegante Büro der Max Klante & Co GmbH. Es dauert nicht lang, und Max Klante kann sich seinen Traum erfüllen – und sogar mehr: Er kauft die besten Rennpferde für seinen neuen Rennstall, zieht in eine prächtige Villa, er fährt drei Autos und besitzt zwei Cafés. Auf den großen Rennen lädt er seine Kapitalanleger zum Sektempfang in ein eigenes Zelt, er hofiert die Damen und verspricht noch Größeres. Die Zeitungen schreiben anerkennend über den beispielhaften Aufstieg des »Volksbeglückers«.

Aber nach dem ersten Ansturm bleiben neue Anleger aus – und Klante merkt, dass sich sein System nicht trägt. Er stopft notdürftig die ersten Löcher und reißt noch größere auf. In seiner Verzweiflung setzt er sogar seinen Ruf aufs Spiel – und manipuliert Rennen. Die Katastrophe lässt sich nicht mehr aufhalten; am 11. September 1921 meldet der Wettkonzern Konkurs an. Mit 90 Millionen Mark Schulden bei über 80.000 Gläubigern. Als Max Klante 1950 stirbt, hinterlässt er außer dem Schuldenberg noch etwas: Am Türrahmen in seinem Haus hängt ein einzelner, noch nicht eingelöster Toto-Schein.

Adresse Treskowallee 129, 10318 Berlin-Lichtenberg | ÖPNV S3, Haltestelle Karlshorst; Tram M17, 21, 27, 37, Haltestelle Treskowallee/Ehrlichstraße | Und heute Nicht nur Pferde rennen auf der wiedereröffneten Trabrennbahn um die Wette – beliebt sind auch die Kamel- und Kampfwagenrennen.

102 Der türkische Friedhof

Das erste Grab in Richtung Mekka

Als Förster Christoph im Jahr 1836 beginnt, den Boden zu pflügen, der über die Jahre während der französischen Besatzung völlig verwildert ist, kommt er nicht weit. Sein Pferd sackt plötzlich ab und bricht in ein unterirdisches Gewölbe ein. Es sind die überwucherten Grabstätten der türkischen Gesandten in Berlin.

1797 wurde Ali Aziz Efendi der dritte Botschafter des Osmanischen Reiches in Preußen. Mit dem Turban und seinem langen dunklen Bart fiel er sicherlich auf am Berliner Hof, doch ob es ihm gefallen hat in der preußischen Hauptstadt, ist nicht bekannt. Obwohl Ali Aziz Efendi sein Leben lang Texte veröffentlichte – über Berlin schrieb er keine Zeile.

Aber der Literat hat es geschafft, die beiden mächtigen Reiche im Osten und Westen einander näherzubringen. Nur, viel Zeit blieb ihm nicht, um zu vermitteln: nach nur anderthalb Jahren in Berlin starb Ali Aziz Efendi. Zuerst war man ratlos: Es war schließlich das erste Mal, dass ein nicht christlicher Gesandter in Berlin war, und die Kirche gestattete es nicht, Andersgläubige auf einem christlichen Friedhof zu beerdigen.

Da kaufte König Friedrich Wilhelm II. ein Stück Land auf der Tempelhofer Feldmark, welches dann der Vertretung der Türkei für eigene Bestattungszeremonien übergeben wurde. Dieses exotische Schauspiel ließen sich nicht viele Berliner entgehen – Tausende versammelten sich entlang der Friedrichstraße, um dem fremdartigen Begräbniszug zuzusehen. Auf dem neuen Friedhof konnte der Botschafter nach muslimischem Ritual bestattet werden, auf der rechten Seite liegend und den Kopf Richtung Mekka gewandt.

Nachdem der Tempelhofer Förster Christoph seine Entdeckung gemeldet hat, lässt der König die Grabstätten wieder herrichten. Im Jahr 1866 wird der türkische Friedhof von Berlin verlegt. Die neue Begräbnisstätte am Columbiadamm wird viele Jahre lang der einzige muslimische Friedhof in Mitteleuropa sein.

Bild Eine türkische Delegation, 1765 | Adresse Urbanstraße/Geibelstraße, 10961 Berlin-Kreuzberg | ÖPNV U1, Haltestelle Prinzenstraße; U7, Haltestelle Südstern; Bus M41, Haltestelle Geibelstraße; Bus 140, Haltestelle Urbanstraße/Baerwaldstraße | Und heute Die Gedenktafel für Ali Aziz Efendi hat einen Sprung. Sie steht auf dem Gelände der deutsch-türkischen Europaschule von Berlin, der Aziz-Nesin-Grundschule.

103 Der Viktoria-Luise-Platz

Das elfte Gebot

Billy Wilder wird den Platz sein Leben lang in guter Erinnerung behalten. Nicht nur wegen des Springbrunnens, der abends so viele Menschen anzieht, dass die Stadt das Licht um 23.30 Uhr ausschalten muss, damit die Stimmung nicht allzu ausgelassen wird – sondern weil hier für Billy Wilder alles beginnt. Als er 1926 nach Berlin kommt, lebt er am Viktoria-Luise-Platz in einem winzigen Zimmer im dritten Stock direkt neben der Flurtoilette. Hier schreibt er seine ersten Drehbuchmanuskripte.

Im gleichen Haus lebt auch Lulu, die Tochter der Eigentümerin, die – das ist im Haus kein Geheimnis – trotz ihrer Verlobung häufig Männerbesuche empfängt. Eines Nachts steht plötzlich ein halb nackter Mann in Billy Wilders Zimmer. Er ist auf der Flucht vor dem Verlobten, der unangemeldet bei Lulu im Zimmer aufgetaucht ist. Der Mann in Unterhosen stellt sich mit »Gestatten: Galitzenstein, Maxim-Film« vor und bittet um Unterschlupf. Als der sich ankleidende Filmproduzent ihn nach einem Schuhlöffel fragt, packt Billy Wilder die Gelegenheit beim Schopf und sagt geradeheraus: »Ich habe nicht nur einen Schuhlöffel – sondern auch ein Drehbuch.« Direktor Galitzenstein versteht und antwortet: »Schicken Sie das Manuskript in mein Büro. Und«, fügt er hinzu, »Sie haben mich nie getroffen.« Billy Wilder bekommt 500 Reichsmark für sein erstes Drehbuch.

Und obwohl ihm beim ersten Skript der Zufall auf die Sprünge geholfen hat, sind seine Drehbücher schon bald in Hollywood gefragt. Nur – auf Dauer kann Wilder es immer schwerer ertragen, wie die Regisseure seine Texte abändern. Als dann schließlich 1941 der Schauspieler Charles Boyer sich weigert, ein Zwiegespräch mit einer Kakerlake zu führen, wie es das Drehbuch vorsieht, entscheidet sich der Autor dazu, selbst Regie zu führen. Über den Schreibtisch hat sich der sechsfache Oscarpreisträger einen einzigen Satz gehängt: »Du sollst nicht langweilen.«

Bild Billy Wilder, 1946 | **Adresse** Viktoria-Luise-Platz 11, 10777 Berlin-Schöneberg | **ÖPNV** U4, Haltestelle Viktoria-Luise-Platz; Bus M64, Haltestelle Motzstraße; Bus 204, Haltestelle Münchner Straße | **Und heute** Ein 60er-Jahre-Neubau steht dort, wo einst Lulus Geliebter auf der Flucht Billy Wilder begegnete. Der Platz: Alt-Berlinerisch, beschaulich mit Springbrunnen in der Mitte.

104 Die Waldbühne

Die Beatrebellen

Es ist der Abend des 15. September 1965, die Stimmung in der Waldbühne ist aufgeheizt. Bereits die vierte Vorband spielt, und noch immer klettern Fans über die Absperrungen im Wald. Es ist der Abend, an dem die Rolling Stones zum Abschluss ihrer Deutschland-Tournee in Westberlin auftreten. Die Zuschauer sind jung und so große Zusammenkünfte von Gleichgesinnten nicht gewohnt. Beatmusik ist nach wie vor in der Gesellschaft als Krach mit schlechtem Einfluss auf die Jugendlichen verschrien, die »Bravo« nennt die Stones in der aktuellen Ausgabe die »härteste Band der Welt«.

Als Mick Jagger und die anderen die Bühne betreten, bleibt niemand auf seinem Platz sitzen. Alle stellen sich auf die Bänke, wippen mit und stampfen mit den Füßen. Und es stellt sich ziemlich schnell heraus, dass die Holzbänke der Waldbühne ihrem ersten Rockkonzert nicht gewachsen sind. Sei es, weil die ersten Bänke sowieso kaputt sind, die Stimmung nicht mehr zu bremsen ist oder weil die Stones nach »Satisfaction« das Konzert nach nur 25 Minuten beenden.

Als die Musik ausgeht, der Veranstalter aus lauter Panik das Licht ausschaltet und sich hunderte von Polizisten vor die Bühne stellen, bricht von einer Minute auf die nächste ein Riesentumult aus: Bänke, Lampen, Zäune werden zerlegt, und die Polizei setzt Wasserwerfer ein, um die randalierenden Stones-Fans aufzuhalten. 85 Personen werden festgenommen, Dutzende verletzt – und die Waldbühne wird nach diesem Abend für die nächsten 15 Jahre geschlossen bleiben.

Am nächsten Tag kann niemand erklären, wie es dazu gekommen ist. Es wird vermutet, dass die Beatmusik diese Reaktionen bei den Jugendlichen ausgelöst hat. In einer Berliner Tageszeitung steht: »Was in einem Jugendlichen vorgeht, dass er unter Einwirkung eines monotonen Lärm-Rhythmus völlig von Sinnen gerät, darüber gibt es noch keine schlüssigen Erkenntnisse.«

Adresse Glockenturmstraße 1, 13597 Berlin-Charlottenburg | **ÖPNV** S5, Haltestelle Pichelsberg; Bus M49, X34, X49, 218, Haltestelle Scholzplatz (circa 500 Meter Fußweg) | **Und heute** Die Konzerte mitten im Wald gehören zum Berliner Sommer dazu. Schon die S-Bahnfahrten zur Waldbühne und zurück sind nicht selten ein besonderes Gruppenerlebnis.

105 Die Weidendammbrücke

Der Preußische Ikarus nimmt Abschied

1976 besucht Allen Ginsberg aus New York seinen Freund Wolf Biermann in Ostberlin. Gemeinsam spazieren die beiden durch die Stadt. Auf der Weidendammbrücke fotografieren sie sich gegenseitig vor dem gusseisernen Adler am Geländer. Auf den Abzügen wird es hinterher so aussehen, als gehörten die mächtigen dunklen Flügel ihnen selbst. Und dort auf der Brücke über der Spree verabreden die beiden Musiker auch, einmal ein Lied über das preußische Wappentier zu schreiben.

Wolf Biermann macht das Versprechen wahr und schreibt noch im gleichen Jahr seine Ballade vom »Preußischen Ikarus«. *Da, wo die Friedrichstraße sacht / den Schritt über das Wasser macht / da hängt über der Spree / die Weidendammerbrücke.* Er singt sie das erste Mal als Zugabe auf seinem Konzert in Köln im November 1976. Es ist sein erstes Konzert in Westdeutschland, und noch nie zuvor hat er vor so einem großen Publikum gesungen.

Aber Biermann hat ihnen was zu sagen, diesen vielen Menschen hier in der Sportarena von Köln. Und er singt für sie die Geschichte vom »Preußischen Ikarus«. Es ist seine eigene Geschichte, sie handelt von seinem Traum von Freiheit – aber auch von der Zerrissenheit, die ihn hält.

Nach diesem Auftritt darf Wolf Biermann nicht mehr zurück nach Ostberlin reisen, die SED gibt seine Ausbürgerung bekannt. Der »Preußische Ikarus« wurde ganz ungewollt zu Biermanns Abschiedslied von der DDR: *Dann bin ich der Preußische Ikarus / mit grauen Flügeln aus Eisenguss / dann tun mir die Arme so weh / Dann flieg ich hoch, und dann stürz ich ab / mach bißchen Wind, dann mach ich schlapp / am Geländer über der Spree.*

Die DDR-Regierung wäre den unbequemen Sänger gern losgeworden. Was sie wohl kaum erwartet hat: Die Ausbürgerung Biermanns und die darauf einsetzende Protestwelle wird für viele ein Zeichen für das Scheitern des realen Sozialismus in Deutschland.

Adresse Weidendammbrücke, 10117 Berlin-Mitte | **ÖPNV** S1, S2, S5, S7, S25, S75, U6, Haltestelle Friedrichstraße; Tram M1, Bus 147, Haltestelle S+U Friedrichstraße | **Und heute** Nach Wolf Biermanns Ausbürgerung steckten die Menschen rote Rosen an den Preußischen Ikarus. Blumen sieht man dort auch heute noch – und Schlösser der Liebe.

106 Die Weinstube Lutter & Wegner

Das Doppelleben des Kammergerichtsrats

Die Tage im Jahr 1822 folgen einer festen Regelmäßigkeit: An den Vormittagen sitzt E. T. A. Hoffmann im Kammergericht, nachmittags schläft er, und ausnahmslos jeden Abend besucht er Lutter & Wegner, um sich dort, wie er es ausdrückt, »zu montieren«. Der Weinkeller ist seine Welt. Hier erfindet Hoffmann seine phantastischen Gestalten wie den »Kater Murr« und den »unheimlichen Gast«.

An einem Abend im Januar erzählt er seinen Freunden im Weinkeller auch von der Knarrpanti-Idee. Dafür muss er ein wenig weiter ausholen: Als Kammergerichtsrat ist Hoffmann Mitglied einer Kommission zur »Ermittlung hochverräterischer Verbindungen und anderer gefährlicher Umtriebe«. Er soll den Studenten Gustav Asverus verurteilen, weil dieser in sein Tagebuch eingetragen hat: »Heute bin ich mordfaul.« Für den Polizeidirektor Karl Albert von Kamptz ist das Beweis genug: Wenn jemand an einem Tag mordfaul ist, dann mordet er an den anderen Tagen. Doch der Richter E. T. A. Hoffmann will sich nicht ohne Weiteres auf so plumpe Beschuldigungen einlassen.

Und nun, berichtet er seinen Freunden im Weinkeller weiter, wird er in seiner neuesten Erzählung »Meister Floh« von einem Hofrat Knarrpanti erzählen, der den jungen Peregrinus Tyß festnimmt mit der Begründung: »Wenn erst der Verbrecher ermittelt sei, würde sich das begangene Verbrechen von selbst finden.«

Als Polizeidirektor von Kamptz auf einen anonymen Hinweis hin Hoffmanns Manuskripte beschlagnahmen lässt, erkennt er sich unschwer selbst in der Knarrpanti-Figur wieder. Er veranlasst ein Disziplinarverfahren gegen Hoffmann und eine Kürzung der Erzählung. Doch bevor es zu einem Verfahren kommt, stirbt E. T. A. Hoffmann im Juni 1822. Die zensierten Stellen von »Meister Floh« werden erst knapp 100 Jahre später veröffentlicht.

Bild E. T. A. Hofmann mit Ludwig Devrient | Adresse Charlottenstraße 49, 10117 Berlin-Mitte | ÖPNV U6, Haltestelle Französische Straße; Bus 147, Haltestelle U Französische Straße; Bus TXL, 100, 200, Haltestelle Unter den Linden/Friedrichstraße | Und heute In der Weinstube am Gendarmenmarkt gibt es einen Nebenraum zu Ehren des verstorbenen Stammgastes: die E. T. A. Hoffmann-Stube.

107 Die Wohnung der Brüder Sass

Die Meisterdiebe von Berlin

Drei Wochen sind bereits vergangen seit dem spektakulärsten Einbruch von Berlin: Aus der nagelneuen und garantiert einbruchssicheren Stahlkammer der Diskonto-Bank am Wittenbergplatz wurden 150.000 Reichsmark sowie Goldmünzen und Schmuck im Wert von zwei Millionen geraubt. Drei ganze Wochen musste Kriminalsekretär Max Fabich warten, bis er im Februar 1929 endlich den ersehnten Hausdurchsuchungsbefehl für die Wohnung im vierten Stock im Seitenflügel des Hauses in der Birkenstraße bekommt. Er lässt diese Wohnung gründlich durchsuchen, denn er kennt die Handschrift der Diskonto-Einbrecher nur zu gut: Die beiden Brüder Franz und Erich Sass haben bereits einige Berliner Tresore geknackt. Nur überführen konnte Fabich die Moabiter bisher noch nicht. Die beiden sind Profis: Sie bereiten ihre Diebstähle wochenlang vor – und haben jetzt auch noch ein ganz neues Werkzeug gefunden, mit dem sie Tresortüren öffnen: den Schneidbrenner.

Und obwohl die Polizisten in der Sass'schen Wohnung alles dreimal umdrehen, ist alles, was Max Fabich sicherstellen kann: ein Börsenhandbuch, einen amerikanischen Golddollar, zwei Paar Gummihandschuhe, einen Dietrich und etwas Werkzeug. Die Brüder haben nicht nur ein Alibi für die Tatzeit, sondern können auch jeden Beweisgegenstand entkräften. Fabich muss sie laufen lassen.

Als es den Brüdern in Berlin zu gefährlich wird, setzen sie sich nach Kopenhagen ab. Dort werden sie nach einem Tresoreinbruch geschnappt und zu vier Jahren Gefängnis verurteilt. Als Max Fabich in Berlin davon hört, findet er keine Ruhe – und lässt die Moabiter Wohnung erneut durchsuchen. Und tatsächlich: Unter den Dielen finden die Polizisten das Versteck doch noch! Allerdings liegt hier nur ein kleiner Teil der Beute. Wo die Sass-Brüder den Rest aus dem Millionenraub versteckt haben, wird Fabich nie herausfinden.

Adresse Birkenstraße 57, 10559 Berlin-Tiergarten | ÖPNV S41, S42, Haltestelle Westhafen; U9, Haltestelle Birkenstraße; Bus M27, Haltestelle Havelberger Straße | Und heute Die vielen Birken machen die Straße richtig lauschig, das Eckhaus ist vorn gelb gestrichen, der Hinterhof mit dem Seitenflügel ist klein und eng.

108 Ein Wohnzimmer in Kreuzberg

Arbeitserleichterung

Konrad Zuse ist entsetzt, als er die komplizierten Rechnungen sieht, die er für sein Bauingenieursstudium lösen muss. Kopfrechnen ist nicht sein Ding – und darüber hinaus scheint ihm die stupide Rechnerei bei Weitem nicht die Mühe wert zu sein. Er träumt von einer Maschine, die ihm diese eintönige Zahlenarbeit abnimmt. Und als Zuse sein Studium 1935 abschließt, hat diese vage Idee in seinen Gedanken bereits eine mögliche Form angenommen: Eine programmgesteuerte Rechenmaschine, so wie er sie sich vorstellt, müsste ein Rechen-, Speicher- und Programmwerk haben und eine halblogarithmische Schreibweise benutzen.

Zuse beginnt als Statiker bei der Henschel Flugzeugwerke AG in Schönefeld – doch die Rechenmaschine lässt ihn nicht mehr los. Nach einem Jahr kündigt er zum Entsetzen seiner Eltern seine Arbeit – und was diese noch mehr irritiert: Ihr Sohn beginnt nun in der elterlichen Wohnung damit, Bleche in bestimmte Formen zu zersägen. Doch nach und nach lassen sich sowohl die Eltern als auch die Schwester von Konrads Vision mitreißen – und schließlich hilft die ganze Familie mit und schneidet im Wohnzimmer mit der Laubsäge Blechteile aus alten Konservendosen. 1938 gibt es dann allen Grund zum Feiern: Ein aus 20.000 Teilen zusammengesetztes Monstrum, welches das halbe Zimmer einnimmt und einen Höllenlärm macht – funktioniert: Konrad Zuse hat den ersten mechanischen Rechner mit einem Speicher von 64 Worten mit je 22 Bits zum Laufen gebracht.

Der erste Computer heißt Z1. Eine Multiplikation kann das Ungetüm in nur fünf Sekunden ausrechnen. Allerdings verhaken sich die Blechteile oft ineinander. Für sein zweites Bauwerk, den Z2, überträgt Zuse die mechanische Schaltweise auf eine elektromechanische Technik – und 1941 stellt er bereits seine neueste Rechenmaschine vor: Der Z3 ist der erste programmierbare Rechner der Welt.

Adresse Methfesselstraße 7 und 10, 10965 Berlin-Kreuzberg | ÖPNV U6, Haltestelle Platz der Luftbrücke; Bus 104, 248, Haltestelle U Platz der Luftbrücke; Bus 140, Haltestelle Kreuzberg/Wasserfall | Und heute Das Haus steht nicht mehr. Rundherum wird viel Neues gebaut – aber das alte Kopfsteinpflaster auf der ansteigenden Straße ist geblieben.

109_Das Wrangelschlösschen

Der richtige Ton

Friedrich von Wrangel ist Preuße durch und durch. Und er ist in Berlin durch alle Schichten und Bezirke hinweg bekannt – aber nicht wegen seiner Tugenden, nicht wegen der militärischen Leistungen, sondern vielmehr wegen etwas, das man ihm eigentlich als eine nicht sehr preußische Unvollkommenheit nachsagen könnte. Denn General Wrangel tut sich schwer mit der deutschen Grammatik, er berlinert wie ein alter Kutscher und verwechselt regelmäßig den dritten und vierten Fall.

Aber ob es nun »dir« oder »dich« heißt, Wrangel konzentriert sich lieber auf etwas anderes: Auf seine berühmte Schlagfertigkeit. Und als König Friedrich Wilhelm IV. im September 1848 Friedrich General von Wrangel zum Oberbefehlshaber ernennt, um das von den Revolutionären besetzte Berlin wieder einzunehmen, da hat vielleicht auch der König gedacht, dass es in seiner ganzen Armee wahrscheinlich nur einen gibt, der, wenn er mit den Besatzern spricht, den richtigen Ton trifft – und so das von allen befürchtete Blutbad vielleicht noch abwenden kann.

Als die Revolutionäre von dem geplanten Gegenschlag der Armee hören, drohen sie Wrangel, falls er in die Stadt einfalle, würden sie seine Frau aufknüpfen, die sich während dieser Tage außerhalb der Stadt auf Wrangels Landsitz in Steglitz aufhält. Doch eine derartige Einschüchterung kann den Preußen nicht beeindrucken. Als sich Wrangel am 10. November mit 13.000 bewaffneten Soldaten dem Brandenburger Tor nähert, wendet er sich halb nachdenklich, halb belustigt seinen Adjutanten zu und sagt: »Ob se ihr jetze woll uffjehangen haben?« Die Gegenwehr in der Stadt ist gering. Wrangel gelingt es, die Bürgerwehr zu entwaffnen, die Sitzungen der preußischen Volksvertreter zu unterbinden, und das ohne Blutvergießen, was – da sind sich eigentlich alle einig – nicht zuletzt seinem forschen, aber respektvollen Umgangston zuzuschreiben ist. Wrangels Frau blieb übrigens auch unbeschadet.

Adresse Schloßstraße 48, 12165 Berlin-Steglitz | **ÖPNV** S1, U9, Haltestelle Rathaus Steglitz; Bus M48, M82, M85, X83, 170, 186, 188, 282, 283, 284, 285, 380, Haltestelle S+U Rathaus Steglitz | **Und heute** Im Gutshaus Steglitz wird gern geheiratet – allerdings keine Empfehlung für Kurzentschlossene: Sechs Monate muss man sich mindestens im Voraus anmelden.

110_Der Zeuthener See

Der Cowboy mit dem roten Stern

Am Morgen des 15. Juni 1986 finden die Hundertschaften der Volkspolizei, die seit Tagen den Wald rund um den Zeuthener See durchkämmen, einen weißen Lada. Es ist das Auto von Dean Reed, der seit drei Tagen vermisst wird. Zwei Tage später wird auch seine Leiche im See gefunden. Ein Abschiedsbrief und eine Schachtel Beruhigungstabletten auf dem Rücksitz des Autos beweisen es: Der berühmteste Rockstar des Ostens, der amerikanische Sänger und Schauspieler Dean Reed, hat seinem Leben nur 15 Minuten von seinem Haus in Schmöckwitz entfernt ein Ende gesetzt.

Doch das darf niemand erfahren. Und diese Anweisung kommt von ganz oben. Erich Honecker selbst lässt den Abschiedsbrief wegschließen und die Meldung rausgeben, dass Dean Reed bei einem Unfall ums Leben gekommen sei. Denn Dean Reed ist die Starikone des Ostblocks. Ein amerikanischer Cowboy, der 1972 dem Westen den Rücken kehrte, um in Schmöckwitz zu leben. Und der strahlende Sonnyboy, der am Revers seiner Lederjacke einen roten Stern trägt, war tatsächlich ein Star: Er hatte Fans überall in der Welt. Berühmt war er nicht nur wegen seiner Countrylieder, nicht nur, weil er aussah, wie ein Rock-'n'-Roll-Star aus Amerika eben aussehen muss, nicht, weil er die Heldenrollen in den Filmen spielte – sondern weil er größere Ziele hatte: Reeds Mission war der globale Freiheitskampf. Er protestierte in Chile gegen die Militärjunta, sang im Irak, in Nicaragua, in Bangladesch, verbrannte US-Flaggen vor Konsulaten weltweit und ließ sich im Libanon mit Maschinengewehr und Palästinensertuch fotografieren.

Und die DDR baute diesen Mythos nur zu gern weiter aus – bis die Grenzen zwischen Pop, Kult und Propaganda immer mehr verschwammen.

Der singende Freiheitskämpfer, der die Unfreiheit in der DDR nie sehen wollte, verschwand Ende der 1980er Jahren aber immer mehr aus der Öffentlichkeit. Die Zeiten hatten sich geändert.

Adresse Zeuthener See, Schmöckwitzer Damm, 12527 Berlin-Köpenick | ÖPNV Bus 168, Haltestelle Fährallee | Und heute Verschiedene Wege führen zum Wasser, drum herum gibt es viel Wald. In Rauchfangswerder ist ein Bootsverleih.

111_Die Zigarettenfabrik

Die Königin gegen Juno

»Die Königin von Saba« zieht 1906 zum zweiten Mal um. Als Josef Garbáty die Zigarettenfabrik in Pankow bauen lässt, hat ihn seine »Königin« bereits zu einem reichen Mann gemacht. Der ägyptische Tabak, den der Weißrusse anfangs mit seiner Frau zu Hause in Papier eindrehte, kam bei den Berlinern gut an – was bestimmt auch an dem Namen liegt.

Denn nichts lieben die Menschen in diesen Tagen mehr, als sich mit der Aura des exotischen Orients zu umgeben. Und gerade die Zigarette weckt wie sonst nichts die Sehnsüchte der Massen, sie verspricht Weltläufigkeit und Abenteuer. Sehr beliebt sind deshalb bei den Werbe-Fachleuten Motive wie Pyramiden und Haremsdamen, und sogar die Sphinx von Gizeh gibt es als Raucherin.

Josef Garbáty scheint Spaß daran zu finden, sich Reklame für seine »Königin von Saba« auszudenken: Nicht nur, dass sie auf Litfaßsäulen und Straßenbahnwagen in der ganzen Stadt präsent ist – als der große Konkurrent Josetti für seine Marke »Juno« Plakate mit der Aufschrift: »Berlin raucht Juno« drucken lässt, hat Garbáty eine Idee, wie er diese Runde im Werbe-Kampf zwischen den beiden großen Zigarettenmarken für sich entscheiden kann: Einige Tage später können die Berliner im gleichen Schriftzug auf Plakaten lesen: »Wenn Königin von Saba nicht zu haben ist«. Um Ärger zu vermeiden, setzt Garbáty in kleinerer Schrift darunter: »... ärgert sich jeder Raucher«.

Es spricht sich zudem schnell herum: Bei Garbáty lässt es sich aushalten: Die Arbeiter dürfen in eigenen Räumen Pausen machen, es gibt Bäder, eine Wäscherei und sogar eine Bibliothek, die Josef Garbáty für seine Angestellten einrichten lässt. Ende der 1930er Jahre aber wird der »Königin von Saba« der Titel geraubt. Jetzt darf sie nur noch »Saba« sein, eine einfache deutsche Zigarette – weg ist der orientalische Zauber, der die Raucher in die Welten der Minarette, Abenteuer und schönen Frauen entführt hat.

Adresse Hadlichstraße 44, 13187 Berlin-Pankow | **ÖPNV** S2, S8, S9; U2, Haltestelle Pankow; Tram M1, 50, Bus X54, 107, 155, 225, 250, M27, Haltestelle S+U Pankow | **Und heute** In der sanierten Fabrikanlage wird heute gewohnt. An den Namen Garbáty erinnert in Pankow außerdem der »Garbátyplatz« und ein dort aufgestellter Schriftzug.

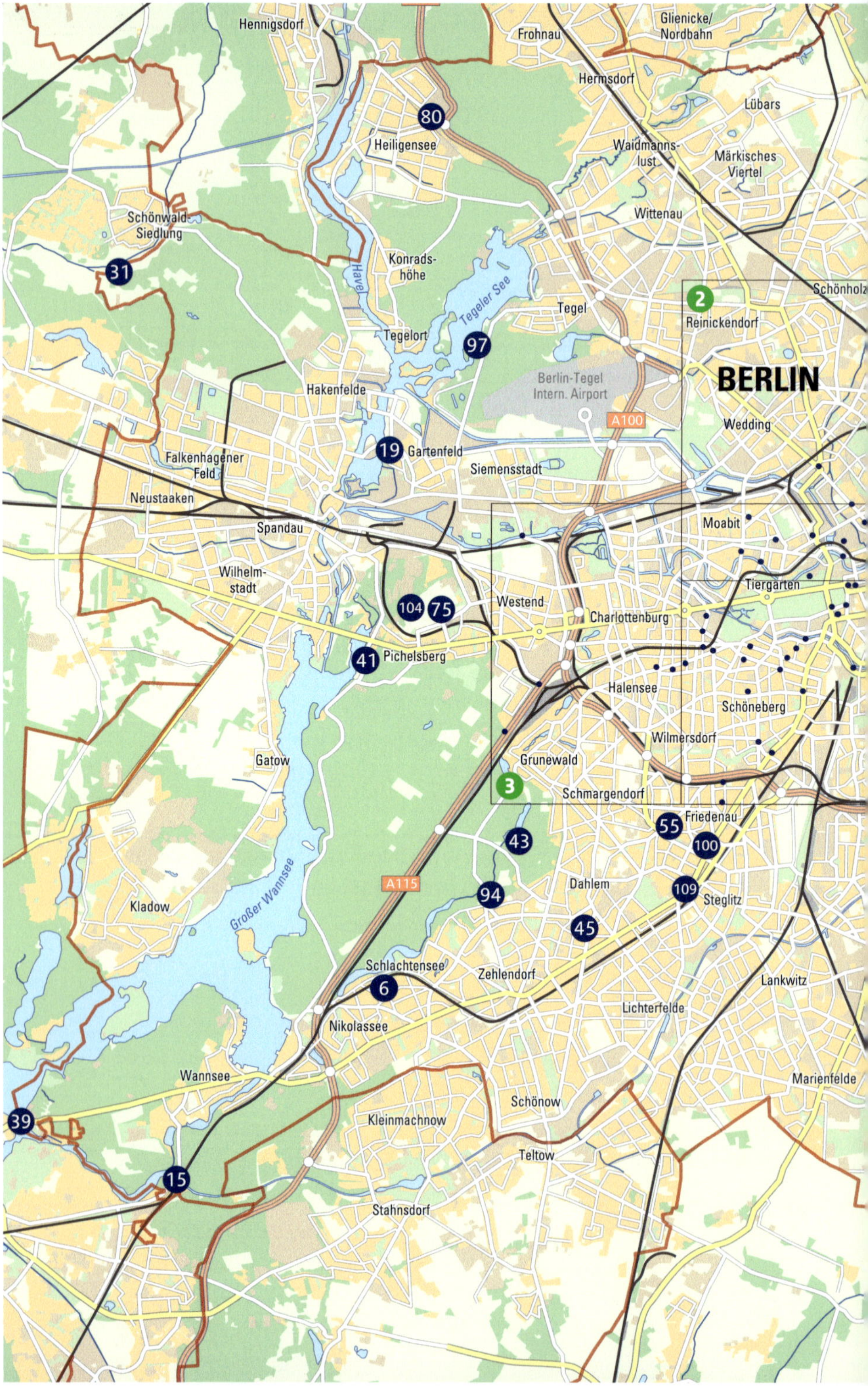

Hennigsdorf
Frohnau
Glienicke/
Nordbahn
Hermsdorf
Lübars
80
Heiligensee
Waidmannslust
Märkisches
Viertel
Schönwald-
Siedlung
Wittenau
31
Konradshöhe
Havel
Tegeler See
Tegel
Schönholz
2
Reinickendorf
Tegelort
97
BERLIN
Berlin-Tegel
Intern. Airport
Hakenfelde
A100
Wedding
19
Gartenfeld
Falkenhagener
Feld
Siemensstadt
Neustaaken
Moabit
Spandau
Wilhelm-
stadt
Tiergarten
104
75
Westend
Charlottenburg
41
Pichelsberg
Halensee
Schöneberg
Wilmersdorf
Gatow
Grunewald
3
Schmargendorf
55
Friedenau
100
43
A115
Dahlem
109
Steglitz
Kladow
Großer Wannsee
94
45
Schlachtensee
Zehlendorf
Lankwitz
6
Nikolassee
Lichterfelde
Wannsee
Marienfelde
Schönow
39
Kleinmachnow
Teltow
15
Stahnsdorf

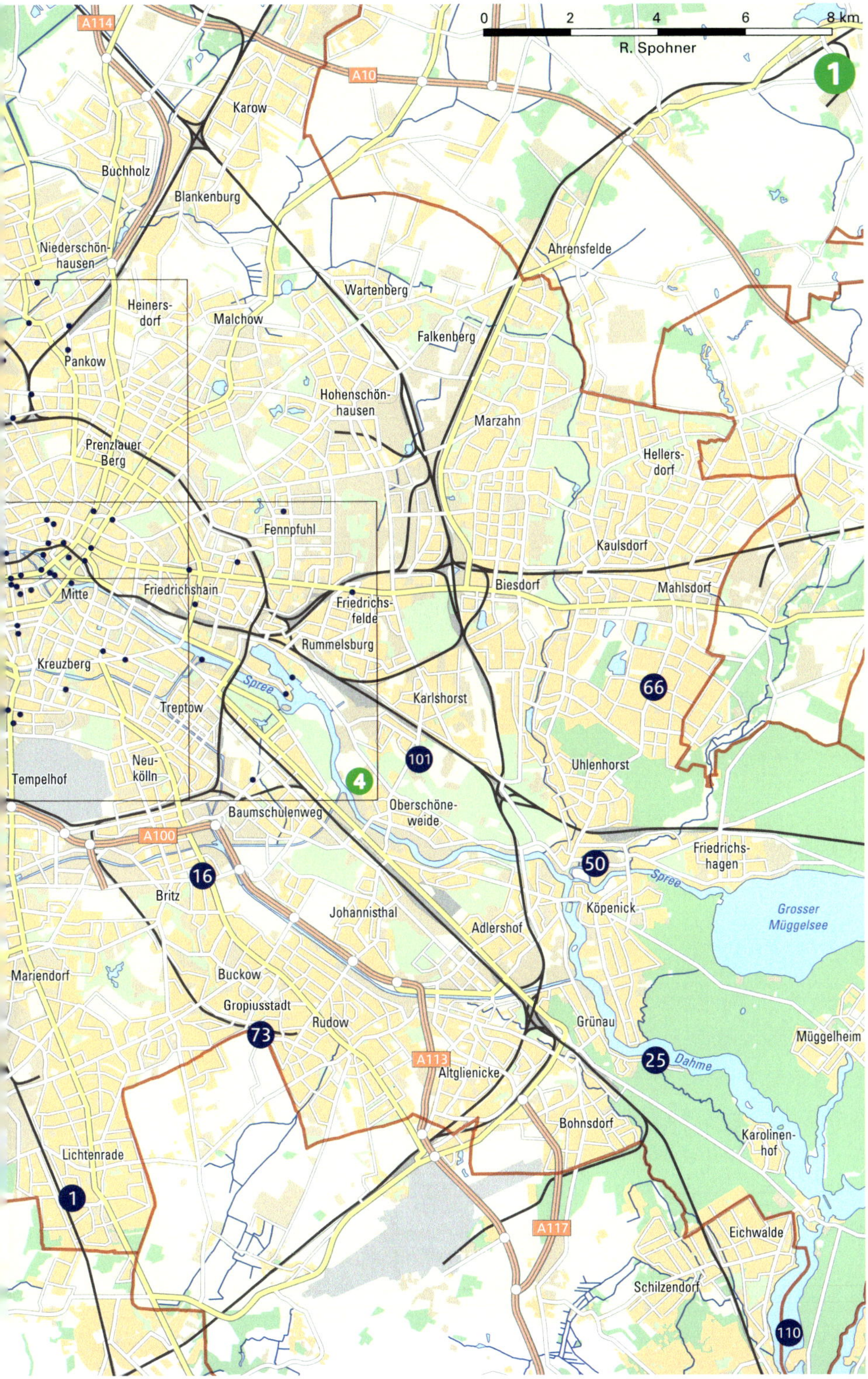

0
2
4
6
8 km
R. Spohner
1
A114
A10
Karow
Buchholz
Blankenburg
Niederschön-
hausen
Heiners-
dorf
Malchow
Wartenberg
Ahrensfelde
Falkenberg
Pankow
Hohenschön-
hausen
Marzahn
Hellers-
dorf
Prenzlauer
Berg
Fennpfuhl
Kaulsdorf
Mitte
Friedrichshain
Biesdorf
Mahlsdorf
Friedrichs-
felde
Rummelsburg
Kreuzberg
Spree
Karlshorst
66
Treptow
101
Uhlenhorst
Tempelhof
Neu-
kölln
4
Oberschöne-
weide
Baumschulenweg
A100
Friedrichs-
hagen
50
16
Britz
Spree
Köpenick
Grosser
Müggelsee
Johannisthal
Adlershof
Mariendorf
Buckow
Gropiusstadt
Rudow
Grünau
Müggelheim
73
A113
25
Dahme
Altglienicke
Bohnsdorf
Karolinen-
hof
Lichtenrade
1
A117
Eichwalde
Schilzendorf
110

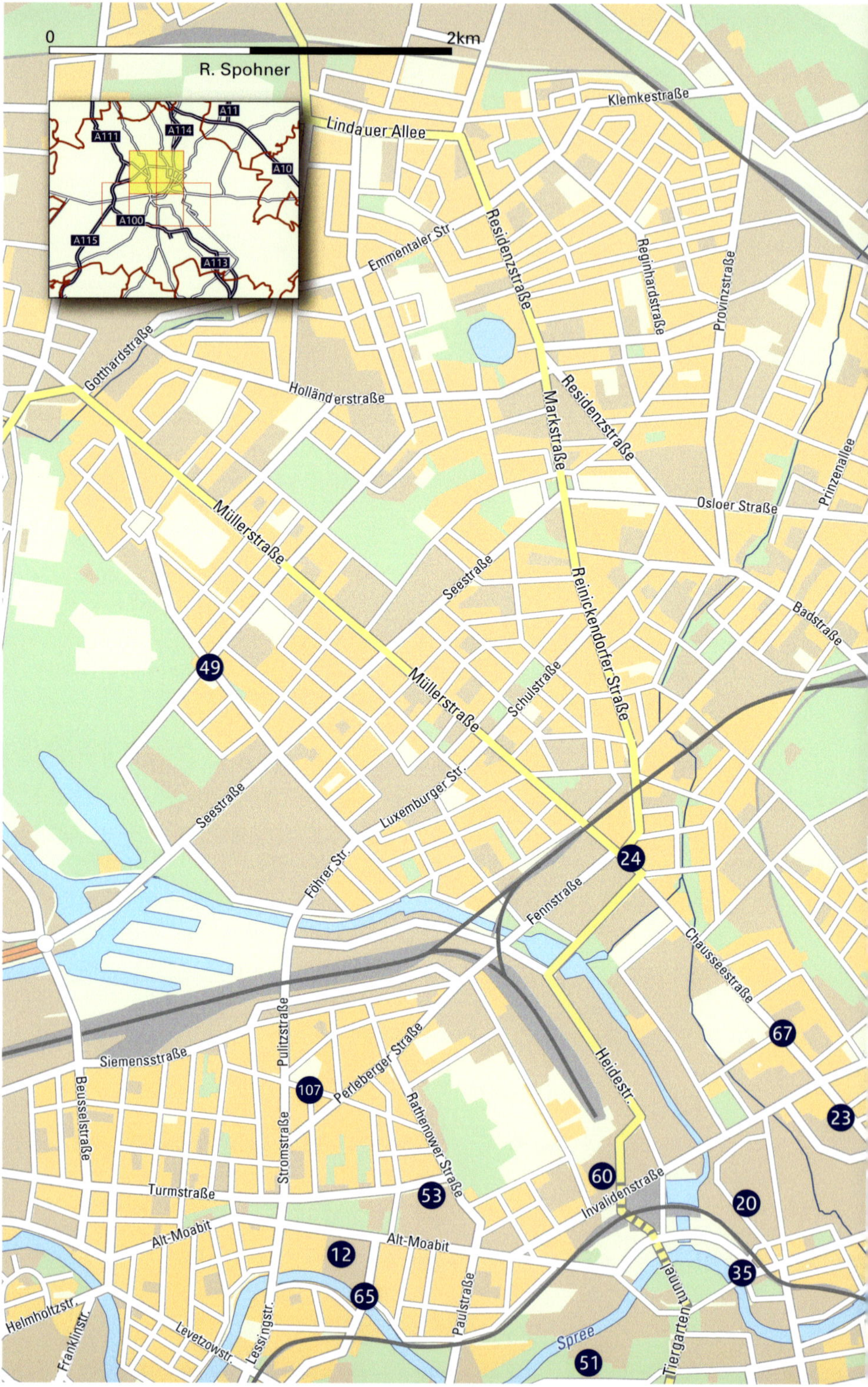

0
2km
R. Spohner
A11
A111
A114
A10
A100
A115
A113
Klemkestraße
Lindauer Allee
Emmentaler Str.
Residenzstraße
Reginhardstraße
Provinzstraße
Gotthardstraße
Holländerstraße
Markstraße
Prinzenallee
Osloer Straße
Müllerstraße
Seestraße
Reinickendorfer Straße
Badstraße
Schulstraße
Luxemburger Str.
Föhrer Str.
Fennstraße
Chausseestraße
Heidestr.
Pulitzstraße
Perleberger Straße
Siemensstraße
Beusselstraße
Rathenower Straße
Stromstraße
Turmstraße
Alt-Moabit
Invalidenstraße
Tiergartentunnel
Paulstraße
Helmholtzstr.
Franklinstr.
Levetzowstr.
Lessingstr.
Spree
49
24
67
107
23
60
53
20
12
35
65
51

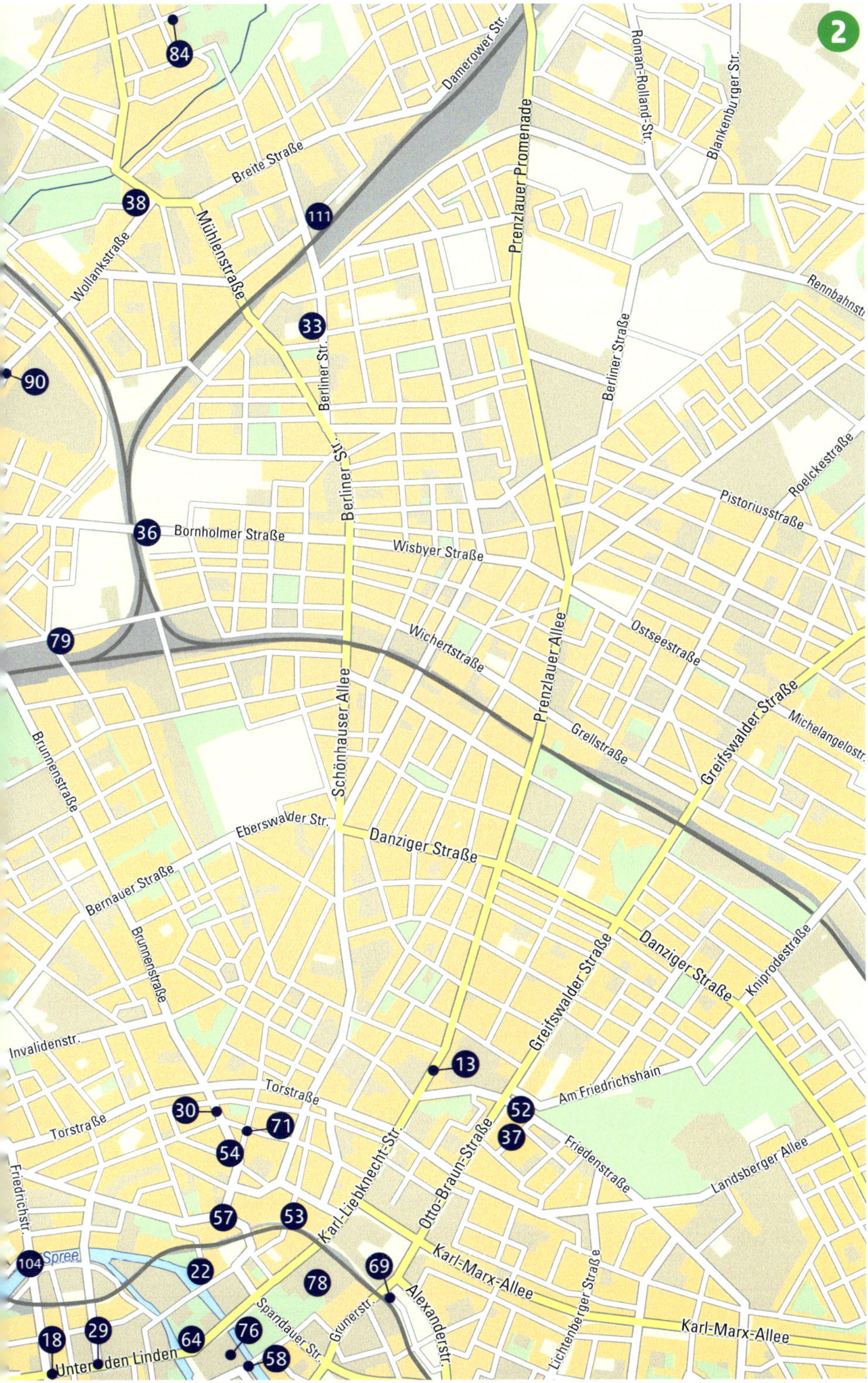

2
Damerower Str.
Roman-Rolland-Str.
Blankenburger Str.
Prenzlauer Promenade
Breite Straße
Mühlenstraße
Wollankstraße
Rennbahnstr.
Berliner Str.
Berliner Str.
Berliner Str.
Roelckestraße
Pistoriusstraße
Bornholmer Straße
Wisbyer Straße
Wichertstraße
Ostseestraße
Prenzlauer Allee
Greifswalder Straße
Michelangelostr.
Grellstraße
Brunnenstraße
Schönhauser Allee
Eberswalder Str.
Danziger Straße
Bernauer Straße
Brunnenstraße
Greifswalder Straße
Danziger Straße
Kniprodestraße
Invalidenstr.
Torstraße
Torstraße
Am Friedrichshain
Friedenstraße
Landsberger Allee
Friedrichstr.
Karl-Liebknecht-Str.
Otto-Braun-Straße
Karl-Marx-Allee
Karl-Marx-Allee
Spree
Spandauer Str.
Grunerstr.
Alexanderstr.
Lichtenberger Straße
Unter den Linden
84
38
111
33
90
36
79
13
52
37
30
71
54
57
53
104
22
78
69
18
29
64
76
58

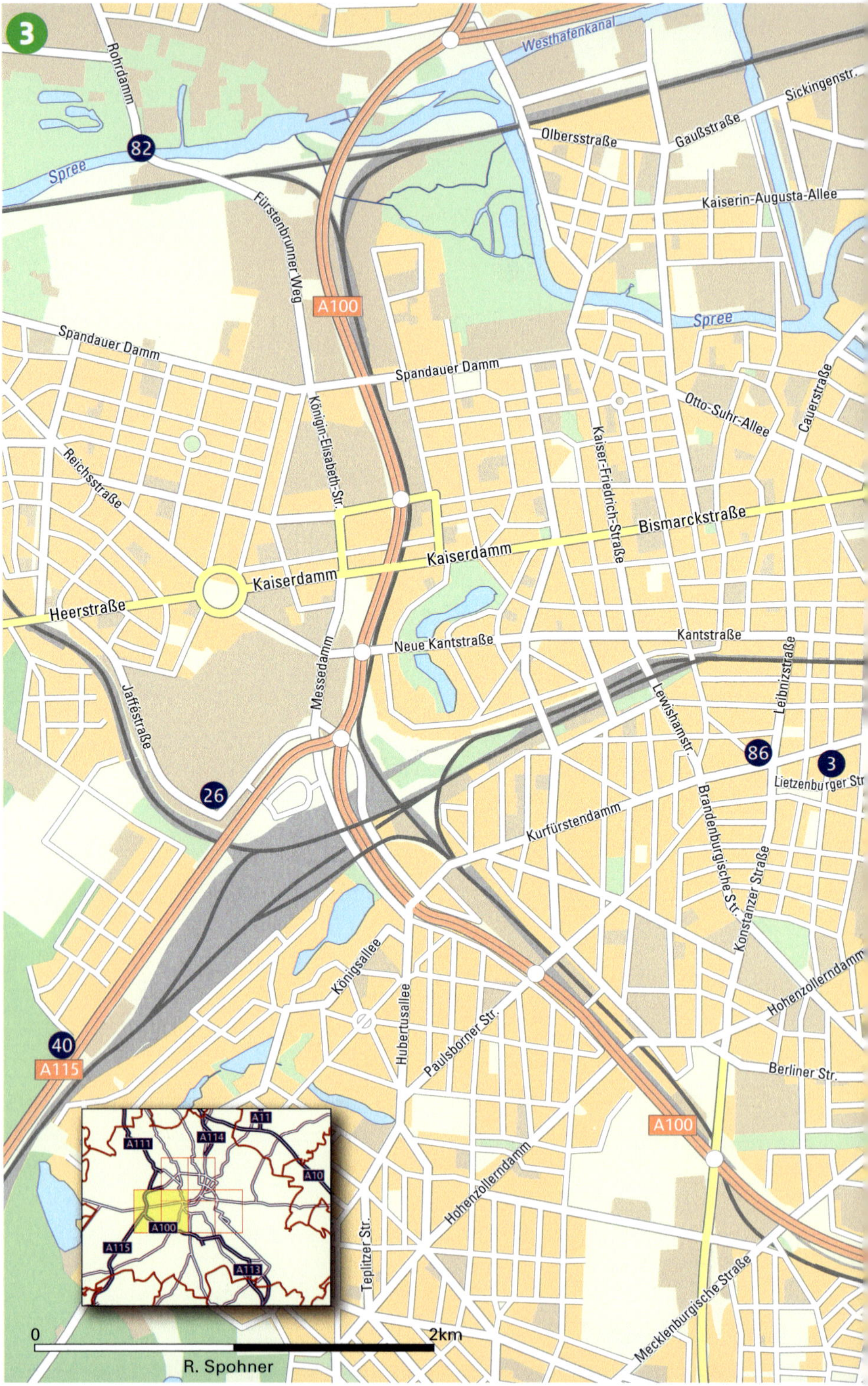
3
Rohrdamm
Westhafenkanal
Sickingenstr.
Gaußstraße
Olbersstraße
82
Spree
Fürstenbrunner Weg
Kaiserin-Augusta-Allee
A100
Spree
Spandauer Damm
Spandauer Damm
Otto-Suhr-Allee
Cauerstraße
Königin-Elisabeth-Str.
Kaiser-Friedrich-Straße
Reichsstraße
Bismarckstraße
Kaiserdamm
Kaiserdamm
Heerstraße
Neue Kantstraße
Kantstraße
Leibnizstraße
Messedamm
Jafféstraße
Lewishamstr.
86
3
Lietzenburger Str
26
Kurfürstendamm
Brandenburgische Str.
Konstanzer Straße
Königsallee
Hohenzollerndamm
Hubertusallee
Paulsborner Str.
40
A115
Berliner Str.
A11
A111
A114
A10
A100
A115
A113
A100
Hohenzollerndamm
Teplitzer Str.
Mecklenburgische Straße
0
2km
R. Spohner

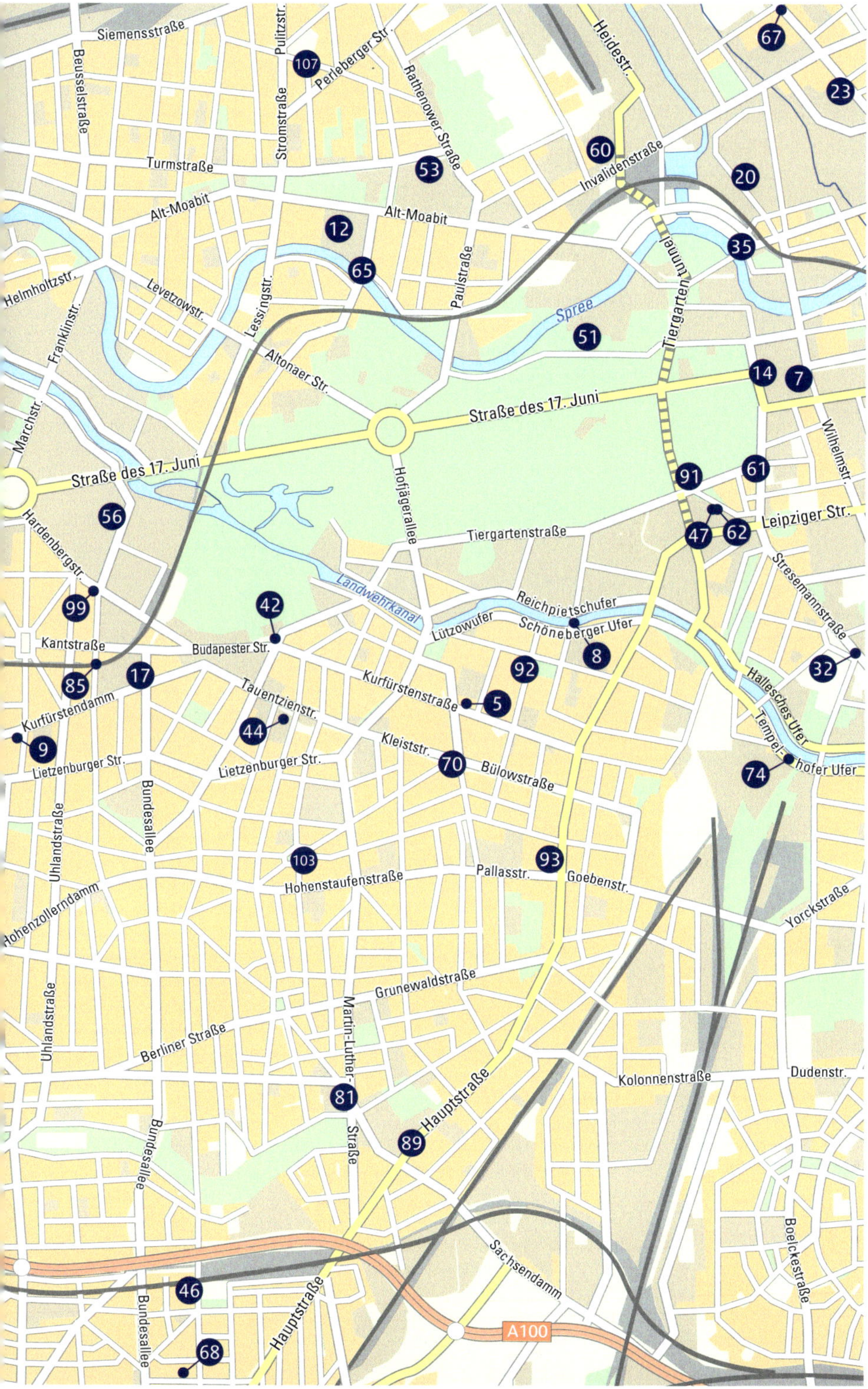

Siemensstraße
Beusselstraße
Pulitzstr.
Perleberger Str.
Rathenower Straße
Heidestr.
Stromstraße
Turmstraße
Invalidenstraße
Alt-Moabit
Alt-Moabit
Paulstraße
Tiergartentunnel
Helmholtzstr.
Levetzowstr.
Lessingstr.
Spree
Franklinstr.
Altonaer Str.
Marchstr.
Straße des 17. Juni
Straße des 17. Juni
Hofjägerallee
Wilhelmstr.
Leipziger Str.
Hardenbergstr.
Tiergartenstraße
Stresemannstraße
Landwehrkanal
Reichpietschufer
Lützowufer
Schöneberger Ufer
Kantstraße
Budapester Str.
Kurfürstendamm
Tauentzienstr.
Kurfürstenstraße
Hallesches Ufer
Kleiststr.
Lietzenburger Str.
Lietzenburger Str.
Bülowstraße
Tempelhofer Ufer
Bundesallee
Uhlandstraße
Hohenstaufenstraße
Pallasstr.
Goebenstr.
Hohenzollerndamm
Yorckstraße
Grunewaldstraße
Berliner Straße
Martin-Luther-Straße
Uhlandstraße
Kolonnenstraße
Dudenstr.
Hauptstraße
Bundesallee
Boelckestraße
Sachsendamm
Hauptstraße
Bundesallee
A100
107
67
23
60
53
20
12
65
35
51
14
7
91
61
56
47
62
99
42
8
85
17
92
32
5
44
9
70
74
103
93
81
89
46
68

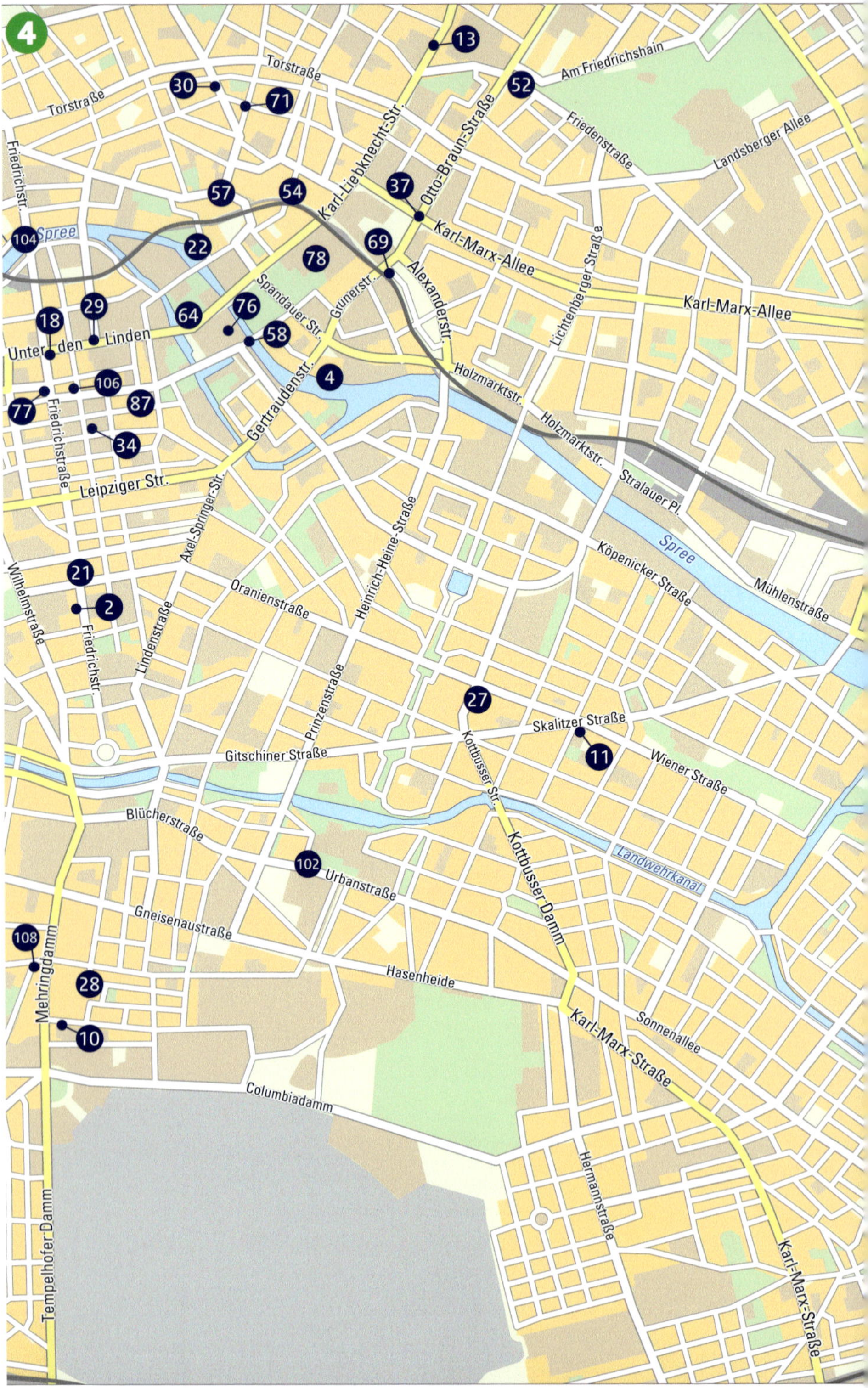

4
Torstraße
Torstraße
Am Friedrichshain
Friedenstraße
Landsberger Allee
Friedrichstr.
Karl-Liebknecht-Str.
Otto-Braun-Straße
Karl-Marx-Allee
Karl-Marx-Allee
Lichtenberger Straße
Spree
Alexanderstr.
Grunerstr.
Spandauer Str.
Unter den Linden
Gertraudenstr.
Holzmarktstr.
Holzmarktstr.
Stralauer Pl.
Friedrichstraße
Leipziger Str.
Axel-Springer-Str.
Heinrich-Heine-Straße
Spree
Köpenicker Straße
Mühlenstraße
Oranienstraße
Wilhelmstraße
Friedrichstr.
Lindenstraße
Prinzenstraße
Skalitzer Straße
Kottbusser Str.
Gitschiner Straße
Wiener Straße
Blücherstraße
Kottbusser Damm
Landwehrkanal
Urbanstraße
Gneisenaustraße
Mehringdamm
Hasenheide
Sonnenallee
Karl-Marx-Straße
Columbiadamm
Hermannstraße
Tempelhofer Damm
Karl-Marx-Straße
13
30
71
52
37
57
54
104
22
78
69
29
18
64
76
58
4
106
77
87
34
21
2
27
11
102
108
28
10

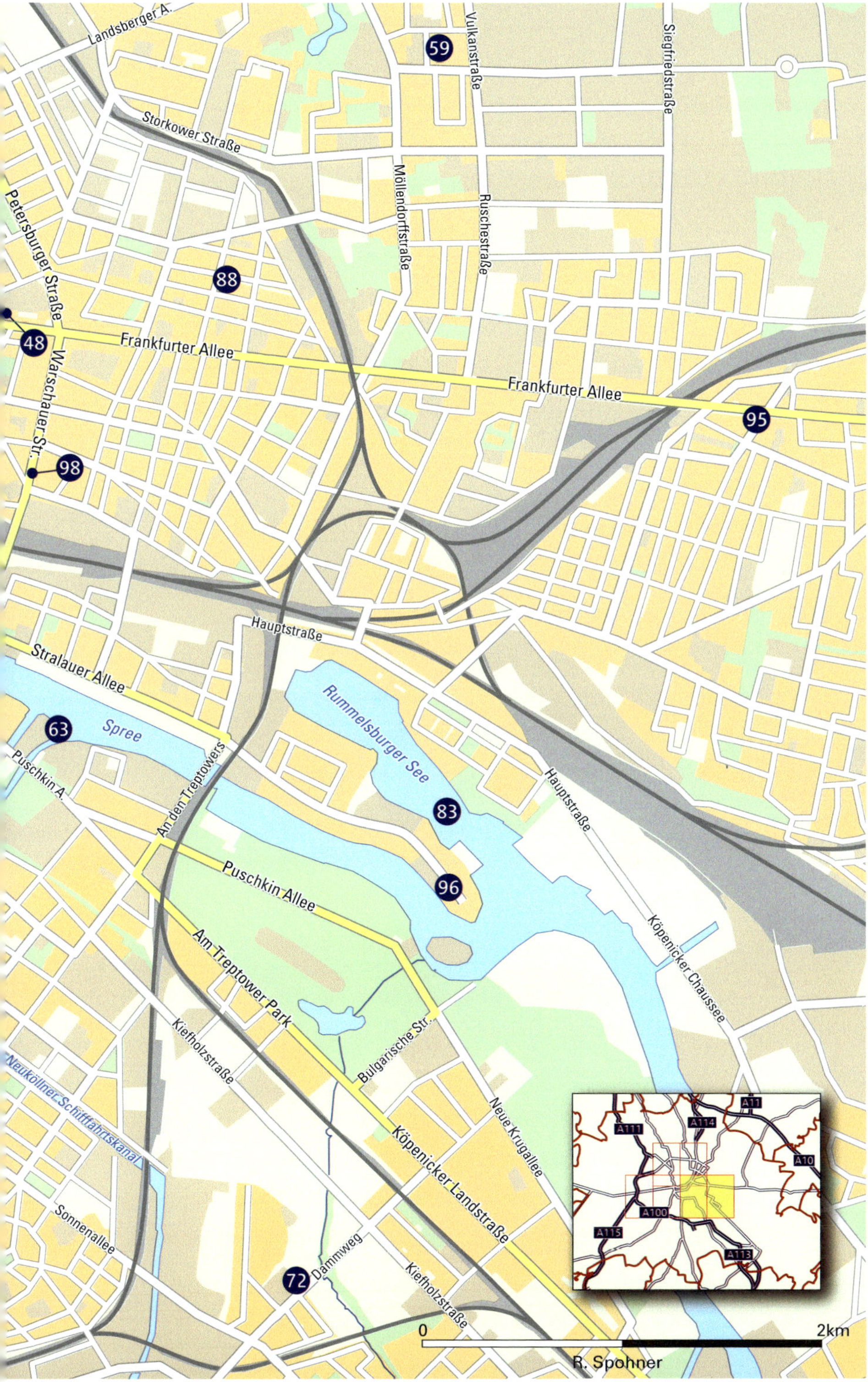
Landsberger A.
59
Vulkanstraße
Siegfriedstraße
Storkower Straße
Möllendorffstraße
Ruschestraße
Petersburger Straße
88
48
Frankfurter Allee
Warschauer Str.
Frankfurter Allee
95
98
Hauptstraße
Stralauer Allee
Rummelsburger See
63
Spree
Puschkin A.
An den Treptowers
83
Hauptstraße
96
Puschkin Allee
Am Treptower Park
Köpenicker Chaussee
Kiefholzstraße
Bulgarische Str.
Neuköllner Schifffahrtskanal
Neue Krugallee
Köpenicker Landstraße
Sonnenallee
Dammweg
72
Kiefholzstraße
A11
A111
A114
A10
A100
A115
A113
0
2km
R. Spohner

Fotonachweis

S. 11: ullstein bild – Jung; S. 13, 47, 55: Fotoarchiv der Deutschen Kinemathek; S. 15: ullstein bild – Yva; S. 17, 37, 79, 93, 129, 143, 147, 163, 183: bpk; S. 19, 29, 103, 115, 125, 133, 137, 181, 195, 203, 209, 211, 223: ullstein bild; S. 21: ullstein bild – Mrotzkowski; S. 23: Imagno/Hulton Archive/Getty Images; S. 25: Hulton Archive/Getty Images; S. 27: ullstein bild – Quade; S. 31, 169: ullstein bild – Günter Peters; S. 33, 35, 109, 201, 231: privates Archiv; S. 39, 45, 121: akg-images; S. 41, 153, 155: Museum Neukölln; S. 43: bpk / Hans G. Casparius; S. 49, 149: ullstein bild – Süddeutsche Zeitung Photo / Scherl; S. 51: Alwin Nachtweh; S. 53: Landesarchiv Berlin, F Rep.290 II00255; S. 57: ullstein bild – Schnellbacher; S. 59: bpk / Will McBride; S. 61: ullstein bild – Mehner; S. 63: ullstein bild – Harry Hampel; S. 65: Landesdenkmalamt Berlin Archiv; S. 67: Wilhelm Amberg; S. 69: Dirk Brinkmann; S. 71: ddp images/AP Photo; S. 73: BArch, Bild 212-051 / Ugo Proietti; S. 75: BArch, N 1435 Bild 094-002 / Max Skladanowsky; S. 77: Konzerthaus Berlin Archiv; S. 81: bpk / Klaus Lehnartz; S. 83: Landesarchiv Berlin, F Rep.290, Nr. 123564; S. 85: Museumsverein Glashütte; S. 87, 207, 215: AP / SZ Photo; S. 89: Gedenkstätte Deutscher Widerstand; S. 91: ullstein bild – D. M. Marcovicz; S. 95, 113, 213: Bildarchiv Foto Marburg; S. 97: ullstein bild – Klaus Winkler; S. 99: ullstein bild – Harry Croner; S. 101: bpk / Friedrich Seidenstücker; S. 105, 111: ullstein bild – ADN-Bildarchiv; S. 107: BArch, Bild 102-02851 / Georg Pahl; S. 117: Dolly Leupold; S. 119: Museum Charlottenburg-Wilmersdorf von Berlin (MCW);S. 123: Picture-Alliance/dpa/Altwein; S. 127: ullstein bild – Hipp-Foto; S. 131, 145: ullstein bild – dpa; S. 135: BArch, Bild 183-90343-0001 / Werner Krisch; S. 139: Stadtmuseum Berlin; S. 141: BArch, Bild 183-A1203-0014-002 / Heinz Junge; S. 151: Erich Koch; S. 157: BArch, Bild 183-1983-0715-500 / Peter Cürlis; S. 159: ullstein bild – TopFoto; S. 161: Heiko Burkhardt, Lilano. de; S. 165: Harald Schmitt; S. 167, 173: ullstein bild – Imagno; S. 171: ullstein bild – Georg Schmidt; S. 175: W. Pape, Gartenlaube, Heft 45; S. 177: ullstein bild – HM Sewcz; S. 179: SLUB Dresden / Abt. Deutsche Fotothek, Johannes Würker; S. 185: ullstein bild – Mehner; S. 187: bpk / Kupferstichkabinett, SMB / Jörg P. Anders; S. 189: ullstein bild – Süddeutsche Zeitung Photo / Scherl; S. 191: bpk / Dietmar Katz; S. 193: Gerhard Doerries; S. 197: ullstein bild – Heinz Fremke; S. 199: bpk / Voller Ernst – Fotoagentur | Jewgeni Chaldej; S. 205: Picture-Alliance/ZB/Thomas Uhlemann; S. 217: bpk / Alexander Enger; S. 219: Roger Melis; S. 221: ullstein bild – Giuglio; S. 225: Horst Zuse; S. 227: bpk / Bayerische Staatsbibliothek; S. 229: ullstein bild – AKG

Eine Auswahlbibliographie finden Sie auf www.emons-verlag.de unter »111 Orte in Berlin, die Geschichte erzählen«.

Lucia Jay von Seldeneck ist in Berlin geboren und aufgewachsen. Nach diversen Studien- und Auslandsaufenthalten war sie zunächst als Journalistin und PR-Managerin tätig. Daneben publizierte sie u.a. eine Reihe von Büchern mit Berlinbezug. Heute arbeitet sie als freie Autorin. Sie lebt mit ihrem Mann und drei Kindern in Berlin-Kreuzberg. Wenn man sie dort nicht trifft, dann ist an einem der 1.001 Seen, die man in einer Stunde von Berlin aus erreichen kann.

Carolin Huder lebt seit ihrer Kindheit in Berlin, und ihr ist seit jeher bewusst, wie viel Potenzial in dieser Stadt steckt. Sie ist diplomierte Geographin und Kulturmanagerin und hat während ihrer langjährigen Arbeit in der Berliner Künstlerszene viele Kontakte geknüpft undn spannende Kulturprojekte begleitet – und ist beeindruckt von den Menschen und ihren Ideen.

Verena Eidel ist freie Fotografin und Grafikerin. Sie war schon immer von dem eigenwilligen Charme ihrer Geburtsstadt fasziniert. Als eine Großstadt im Abseits definierte sich Berlin nnach dem Fall der Mauer in atemberaubendem Tempo komplett neu. Wie schon so oft davor. Eine Stadt in andauernder Bewegung – so wird Verena Eidel selbst als Berliner »Urgestein« nicht müde, hier auf Entdeckungsreise zu gehen.